Patricia Faur (*Coord.*)

Psiconeurobiología de la resiliencia

Colección
Psicología / Resiliencia

Otros títulos de Boris Cyrulnik
publicados en Gedisa:

Los patitos feos
La resiliencia: una infancia infeliz no determina la vida

Super(héroes)
¿Por qué los necesitamos?

Psicoterapia de Dios
La fe como resiliencia

Del gesto a la palabra
La etología de la comunicación en los seres vivos

Me acuerdo...
El exilio de la infancia

El murmullo de los fantasmas
Volver a la vida después de un trauma

Autobiografía de un espantapájaros
Testimonios de resiliencia: el retorno a la vida

Las almas heridas
*Las huellas de la infancia, la necesidad del relato
y los mecanismos de la memoria*

Psiconeurobiología de la resiliencia

Una nueva forma de pensar la condición humana

Prefacio de Boris Cyrulnik

Patricia Faur (*Coord.*)

Carolina Remedi
Eduardo Cánepa
José Bonet
Boris Cyrulnik
Daniel Cardinali
Ricardo Iacub
Jorge Medina

© Patricia Faur, Carolina Remedi, Eduardo Cánepa, José Bonet, Boris Cyrulnik, Daniel Cardinali, Ricardo Iacub, Jorge Medina

Traducción del Prefacio: Alfonso Díez

Corrección: Carmen de Celis

Cubierta: Juan Pablo Venditti

Primera edición: noviembre 2019, Barcelona

Derechos reservados para todas las ediciones en castellano

© Editorial Gedisa, S.A.
Avda. Tibidabo, 12, 3º
08022 Barcelona (España)
Tel. 93 253 09 04
Correo electrónico: gedisa@gedisa.com
http://www.gedisa.com

Preimpresión:
Moelmo, S.C.P.
www.moelmo.com

ISBN: 978-84-17835-36-1
Depósito legal: B.18357-2019

Impreso por PodiPrint

Impreso en España
Printed in Spain

Queda prohibida la reproducción total o parcial por cualquier medio de impresión, en forma idéntica, extractada o modificada, en castellano o en cualquier otro idioma.

Índice

Prefacio 9
Dr. Boris Cyrulnik

Introducción 17
Dr. José Bonet

El paraíso perdido: las memorias del estrés temprano 25
Dra. Carolina Remedi

Experiencias tempranas y la programación epigenética
de la expresión génica 41
Dr. Eduardo Cánepa

Mecanismos, señales y circuitos neutralizadores
de adversidades 57
Dr. José Bonet

Memorias traumáticas: cómo cambiar el relato
de una vida 89
Dr. Boris Cyrulnik

Sueño lento como neuroprotector en el envejecimiento 111
Dr. Daniel Cardinali

Vejez y resiliencia: enfoque psicológico 127
Dr. Ricardo Iacub

Olvido 141
Dr. Jorge Medina

Prefacio

Dr. Boris Cyrulnik

No hay concepto que pueda venir al mundo sin su cultura. Descartes estructuró el pensamiento cristiano separando el cuerpo, extensión mensurable, y el espíritu sin sustancia.[1] Esta manera de ver al hombre animó a la medicina experimental e impidió que se considerara al alma como objeto de ciencia. A principios del siglo XX apareció una palabra: «resiliencia». Designa un proceso dinámico e interactivo que nos lleva a dar un nuevo lugar al hombre en el mundo vivo.

Es difícil pensar, como propone Cabanis, que «un cerebro produce pensamiento como el hígado produce bilis».[2] Es imposible creer que una idea pueda venir al mundo sola, fuera de un cuerpo y de una sociedad. El pensamiento fragmentado, hiperespecializado, que dio el poder técnico a Occidente no permite responder a esta cuestión. Pero el concepto de resiliencia, evolutivo, integrador y sistémico, nos permite intentarlo.

Los subsistemas del cuerpo, del cerebro, de la palabra, de las relaciones afectivas y sociales, aunque heterogéneos, funcionan

---

1. Rey, A., *Dictionnaire historique de la langue française*, Le Robert, París, 2012, pág. 793.
2. Cabanis, G., *Rapport du physique et du moral chez l'homme*, Baillère, París, 1844.

conjuntamente en un mismo sistema. Esta actitud epistemológica nos invita a asociar a investigadores de disciplinas distintas, coordinados alrededor de un mismo objeto: la resiliencia. Su definición podría ser: recuperación evolutiva de un nuevo desarrollo después de una detención traumática.

Los estudios sobre la memoria ofrecen una vía de acceso a la proposición de Cabanis. No puede haber memoria individual sin cerebro, ni memoria colectiva sin relatos sociales. Ambas memorias pueden confluir desde que la neurobiología y la neuroimagen miden y fotografían cómo un cerebro es esculpido por su entorno afectivo, compuesto de interacciones y de palabras. Cuando el cerebro se moldea de esta forma, percibe el mundo al que ha sido sensible durante su desarrollo. Luego, el relato que hace de este mundo percibido puede confluir con otro relato hablado o escrito, capaz de evolucionar sin estar contenido en ningún cerebro.

La memoria no es el retorno de los acontecimientos pasados, es la representación de lo que ya no existe. A partir de un cerebro actual, moldeado por las presiones del entorno, el sujeto busca intencionalmente en su pasado imágenes y palabras impresas en su memoria biológica, para hacer de ello un relato que dirige a otro. Cuando el relato del pasado es hablado, se dirige a un oyente que está ahí, en lo real. Cuando el oyente está presente, percibido en el contexto, sus mímicas, gestos y posturas influyen en el discurso del que habla. Aunque calle, es coautor del discurso. El lector, por su parte, no se encuentra en este contexto. No se le percibe, pero es a él a quien se dirigen las ideas y los sentimientos del escritor. La conjunción de la mente y del cerebro se realiza cuando dos cerebros entran en interacción.

Esto equivale a decir que dos cerebros, al interactuar gracias a la palabra, producen representaciones imposibles de percibir pero que pueden ser mediatizadas. Se usan objetos, imágenes y palabras para mostrar una representación imposible de percibir. Esta frase podría ser la definición del símbolo que hace real una representación. Este objeto puesto ahí para representar algo que no está ahí actúa sobre el cerebro tanto mediante la percepción como mediante la representación, haciendo realidad de este modo la conjunción del alma y el cuerpo con la que soñaba Descartes.

Cuando Cabanis escribe que no se puede ver un pensamiento, tiene razón, porque es necesario que dos cerebros se asocien para simbolizar y llegar a un acuerdo sobre la arbitrariedad del signo. Pero cuando escribe que no se puede ver un cerebro pensante ignoraba, en su siglo XIX,[3] que hoy la neuroimagen permitiría fotografiar un cerebro trabajando, procesar la información de una imagen, una sonoridad verbal o un sentimiento causado por un relato.

Este razonamiento sistémico en el que la biología de un individuo se ve modificada, tanto por sus interacciones reales como por sus representaciones mentales, no es habitual en nuestra cultura cartesiana. Sin embargo, esto es lo que nos muestra la epigenética, en la que vemos que la infelicidad de la madre modifica la expresión biológica del ADN del bebé que lleva dentro. Una representación ignorada, presente en el mundo mental de la madre (mi marido quizás esté muerto, la guerra nos ha arruinado), causa en ella un sentimiento de angustia por el futuro o una infelicidad pasada. Esta emoción, sentida en su alma, entraña un aumento de las sustancias del estrés (cortisol, catecolaminas), que aceleran al corazón y alertan al cerebro, cuyo ritmo alfa se desincroniza y cuyos repuntes son frecuentes. Cuando esta mujer está embarazada, el exceso de sustancias de alerta permanece en el líquido amniótico, del cual el bebé toma cuatro

---

3. Cabanis, G., *op. cit.*

o cinco litros cada día.[4] Esto equivale a decir que, cuando la madre es desgraciada, el bebé traga cortisol en dosis tóxicas. Las células de su sistema límbico, particularmente sensibles al cortisol, se edematizan, los canales ionóforos se dilatan y hay una inversión del gradiente sodio-potasio, a consecuencia de lo cual se produce una hiperosmolaridad que hace estallar la neurona. El bebé llega al mundo con una atrofia de los circuitos neuronales de la memoria y de las emociones porque su madre ha sido infeliz debido a su historia difícil, por un marido violento o, más a menudo, por su precariedad social. Pero cuidado: la madre no es responsable del trastorno adquirido por el niño, ¡lo es la desgracia de la madre, resultado de sus relaciones y de su historia!

En caso de estrés crónico materno, las modificaciones metabólicas aumentan la cantidad de radicales metilo (CH_3), que se fijan en las cadenas de ADN, en las extremidades de los telómeros de los cromosomas del bebé, modificando así la expresión del ADN. No hay mutación; sin embargo, los desarrollos seguirán direcciones distintas. Lo hereditario no ha cambiado, pero la herencia emocional se impondrá en la construcción del cuerpo y de la mente del niño.

Podemos hablar de trauma cuando una emoción violenta deja pasmado el cerebro y causa una disfunción en el tratamiento de la información. En la lengua corriente decimos que el sujeto está «KO», como en el boxeo, desorientado. En la neuroimagen se ve apagado, consume la energía justa para producir imágenes «azules», «verdes» o «grises». Cuando el cerebro funciona bien, las zonas que trabajan emiten energía que el ordenador capta y traduce en colores rojo, naranja o amarillo. El lóbulo occipital se vuelve rojo cuando procesa información visual, el frontal ad-

---

4. Busnel, M. C. y Herbinet, E. (dirs.), *L'aube des sens*, Stock, París, 1995.

quiere un color cálido cuando el sujeto se anticipa a algo y el circuito límbico se «inflama» cuando se emociona.[5]

Cuando después de nacer un bebé prosigue su desarrollo en brazos de una madre cuyo cerebro está apagado o funciona mal a causa de condiciones existenciales difíciles, el nicho sensorial que envuelve al pequeño se empobrece o es disfuncional.

Un bebé criado en la penumbra hipotrofia su lóbulo occipital[6] y esto, gracias a la regulación homeostática, lo hace estar hiperatento a las informaciones sonoras que hipertrofian su lóbulo temporal. Cuando aprende a leer en Braille, palpa las letras grabadas en relieve sobre un papel, cosa que estimula su lóbulo occipital en vez del parietal, el de las estimulaciones táctiles. El cerebro es esculpido, pues, por la estructura sensorial del medio que percibe.[7] El cerebro, máquina de percibir y observar el mundo, está moldeado por las presiones sensoriales de su entorno. Una vez construido, ha adquirido la aptitud de percibir un tipo de mundo al que se ha vuelto particularmente sensible. La música, los juegos e incluso la palabra poseen este poder moldeador. Por este motivo, no vemos el mundo tal y como es, sino que lo vemos tal y como lo sentimos. El mundo es la impresión que tenemos de él.

Cuando la madre ha quedado traumatizada, durante su propio desarrollo, por un maltrato o por la extrema pobreza, el niño que trae al mundo se ve envuelto en un nicho sensorial todavía alterado por su trauma. En la República Democrática del Congo

---

5. Le Bihan, D., *Le cerveau de cristal*, Odile Jacob, París, 2012, láminas fotográficas, págs. 80-81.
6. Hübel, D. y Wiesel, T., «Brain mecanisms of vision», *Scientific American*, 24 (1), 1979, págs. 150-162.
7. Cohen, D., «The development being the modeling a probabilistic approach to child development and psychopathology», en E. Garralda y J. P. Raynaud (dirs.), *Brain, Mind and developmental Psychopathology in Childhood*, Jason Aronson, Nueva York, 2012, págs. 3-29.

13

o en Kosovo, la violación era un arma de guerra más eficaz que el kaláshnikov. Un gran número de bebés nacieron de esta inmensa agresión. La madre, aturdida por su desgracia, sola con el niño de su violador, se ocupaba del bebé en contra de su voluntad. Muchos niños murieron de deshidratación o, mal estimulados, tuvieron importantes dificultades en su desarrollo. Pero cuando la madre ha sido apoyada por su familia y su cultura, tiene la fuerza e incluso las ganas de ocuparse de su hijo. Lo que se transmite no es el trauma, es la reacción de la madre a su trauma. El aturdimiento se borra cuando la madre está segura en su entorno, pero perdura cuando la mujer se queda sola o se ve rechazada por su cultura. El hijo del violador tendrá, por tanto, un nicho tranquilizador y estimulante o, al contrario, un entorno sensorial aislante, según las reacciones de la cultura a la desgracia de la madre. La estimulación cerebral, las secreciones neuroendócrinas y los comportamientos que de ellas dependen serán muy distintos, resilientes o agónicos, según el entorno afectivo y social de la madre.

En este abordaje sistémico de la transmisión del trauma, la palabra tiene una función más afectiva que informativa. ¿Cómo podrá la madre decirle a su hijo que nació de una violación? Podemos pensar que un anuncio como este tendrá un efecto estresante para el niño según su edad, su desarrollo y el contexto donde se dan los relatos. Una madre violada en Oriente es expulsada por su familia, mientras que en Estados Unidos se la apoya. Estas concepciones culturales estructuran el nicho sensorial del niño, que se adaptará a él de forma distinta.

Este tipo de razonamiento sistémico descalifica las causalidades lineales,[8] en las que «la comprensión de toda cosa está en

---

8. Damasio, A. R., *L'erreur de Descartes*, Odile Jacob, París, 2010, págs. 174 y 338.

su causa», como diría Descartes, y en las que la razón no tiene nada que ver con el cuerpo.[9]

Entre nosotros hay algunos que prefieren los razonamientos sistémicos que integran los datos heterogéneos en un mismo conjunto funcional. A estos investigadores les gustan las teorías de la evolución. Otros, en cambio, prefieren las causalidades lineales que, al dar una representación clara de la condición humana, tranquilizan al pensador pero describen un objeto de ciencia terriblemente fijo. Un clínico no puede reducir a la persona que acude a la consulta a una sola de sus determinantes, fijada de una vez por todas. Una determinante genética XX o XY puede evolucionar de forma distinta según las presiones del ambiente. Y la secreción de monoaminas cerebrales (noradrenalina, serotonina y dopamina) es modificada por nuestras relaciones humanas, en contextos culturales distintos y cambiantes.[10] Un aislamiento sensorial prolongado deseca las secreciones neuroendócrinas, mientras que una relación agradable, individual, familiar o cultural estimula las neurohormonas y los circuitos cerebrales que proporcionan el placer de vivir.

En este libro, dirigido por Patricia Faur, encontraréis las precisiones sobre esta nueva forma de pensar la condición humana. Los investigadores argentinos que han participado en los trabajos publicados en este libro se formaron en sus países respectivos, en Francia y en Estados Unidos, lo cual explica su mente abierta y el placer que provoca leerlos.

---

9. Descartes, R., *Les passions de l'âme*, Flammarion, París, 1998.
10. Bustany, P., «Neurobiologie de la résilience», en B. Cyrulnik y G. Jorland, *Résilience. Connaissances de base*, Odile Jacob, París, 2012, págs. 45-64.

Introducción

Dr. José Bonet

Este es un momento trascendente y de mucho orgullo para la Sociedad Argentina de Psicoinmunoneuroendocrinología (SAPINE), dado que se ha conseguido un logro muy apreciado, como es la edición de este nuevo libro. Esta sociedad surge en 2011 como un desprendimiento de la Maestría de Psicoinmunoneuroendocrinología (PINE), que se dicta en la Universidad Favaloro de Buenos Aires desde 1993. Un grupo de ex alumnos y docentes se unieron para generar un espacio de reunión e intercambio que dio lugar a las Primeras Jornadas de SAPINE en septiembre de 2011. Nos propusimos desde entonces un formato que se mantiene hasta hoy, en el que en cada jornada se pueda profundizar en un tema bastante específico para evitar el «enciclopedismo» vigente en este tipo de eventos. Además, reunimos en cada una de ellas a investigadores básicos, clínicos, psicólogos y profesionales de otras disciplinas de la cultura en general, para abarcar un tema desde todos sus abordajes posibles y así deconstruir o desagregar el mismo. Quiero que nos detengamos un momento para dedicar un especial agradecimiento al profesor doctor Jaime Moguilevsky, mentor, fundador e ideólogo de la maestría y de muchas de las actividades científicas que surgieron a partir de ella.

La PINE es una teoría que ha tenido una deriva evolutiva desde sus orígenes básicos a mediados del siglo XIX, en pleno descubrimiento del efecto de las hormonas sobre el cerebro y la conducta. En este sentido, recordemos el tratamiento exitoso de la locura mixedematosa o del hipertiroidismo tóxico con un preparado de tiroides que, hasta hoy, es considerado por muchos como uno de los modelos que mejor explican el aún esquivo tema de la relación mente-conciencia-cuerpo. La PINE propone una fisiología integral, una especie de «suprasistema» conformado por el accionar conjunto de los tres mayores sistemas de comunicación del organismo: el sistema endócrino, el sistema inmune y el sistema nervioso junto con el psiquismo. El resultado es una propiedad global emergente, que es el producto de este funcionamiento interactivo y modulado de todos los sistemas del cuerpo al servicio de la adaptación y la supervivencia.

Las enfermedades prevalentes de la actualidad son enfermedades crónicas, multicausales, complejas y multisistémicas. La concepción lineal causa-efecto y el modelo biopsicosocial resultan insuficientes para su completa comprensión; por lo tanto, urgen modelos más integrativos que colaboren en el logro de un abordaje clínico y terapéutico más adecuado de estos trastornos. La PINE, si bien no es una teoría completa, intenta dar respuestas más ajustadas a esta problemática. Otras ideas y modelos, como el del estrés, completan y se articulan con la PINE. En la actualidad, estas concepciones han evolucionado hacia constructos como los de alostasis y carga alostática, y se enriquecen con los nuevos aportes de la epigenética y la influencia del ambiente en la expresión de genes, y del *programming* o la plasticidad fenotípica de períodos tempranos de la vida, que impacta sobre el funcionamiento corporal y tiene consecuencias en las enfermedades del adulto. Otro aspecto central en esta nueva disciplina es el que está ligado a la interocepción, que es una suerte de comunicación *online* cerebro/conciencia/cuerpo.

SAPINE es una sociedad que ha seguido de cerca esta evolución; si se repasan los títulos de todas sus jornadas científicas, desde el comienzo han girado en torno a estas ideas centrales. La Jornada 2018, que nos ocupa en este libro, estuvo dedicada a un tema relevante: la resiliencia. Las conferencias seleccionadas muestran que, si bien se produce una desagregación del concepto en varios niveles de análisis y descripción, existe una línea coherente, conexa y directriz que apunta a la comprensión global del proceso resiliente.

La Dra. Carolina Remedi es especialista en Psiquiatría Infanto-Juvenil, docente de Psicofarmacología y Psiconeurobiología en la Universidad Católica de Córdoba. El énfasis de su investigación está puesto en el impacto que las adversidades tempranas tienen sobre el cerebro del feto en el período gestacional. Remedi sostiene que el estrés prenatal produce cambios epigenéticos en el cerebro fetal y en la placenta en el momento de la vida en el que la neuroplasticidad alcanza su punto más alto. El estudio abarca el gran impacto que tiene el ambiente uterino sobre el neurodesarrollo. «La genética no es el dictador de nuestra existencia», afirma. Esta aseveración inclina la balanza hacia los acontecimientos ambientales que acompañan las 40 primeras semanas de vida que acontecen antes del nacimiento. La conclusión de este trabajo será, por lo tanto, que la prevención de las enfermedades del adulto comienza reduciendo la adversidad temprana.

El Dr. Eduardo Cánepa es doctor en Ciencias Químicas de la Universidad de Buenos Aires e investigador del Conicet. Cursó estudios de posdoctorado en el Instituto Pasteur de París. El interés de su conferencia está centrado en conocer los mecanismos moleculares epigenéticos que ligan las experiencias tempranas con los comportamientos del individuo. La importancia radica en que estos cambios en la expresión génica van a tener consecuencias sobre el desarrollo cognitivo y el comportamiento adulto. Se mostrarán evidencias de la relación existente entre la metilación del ADN y la regulación de la expresión de genes asociados al ambiente social y a la pobreza, como así también a la calidad de los cuidados parentales. Un tema de enorme trascendencia es el que tiene que ver con la heredabilidad de los mecanismos epigenéticos. Cánepa sostiene que algunos mecanismos son heredables por la reedición de los comportamientos parentales o —muy discutido en la actualidad— a través de la línea germinal.

El Dr. José Bonet es médico psiquiatra del Centro de Estrés de la Fundación Favaloro y director de la Maestría en Psicoinmunoneuroendocrinología de la Universidad Favaloro. En la actualidad, preside la Sociedad Argentina de Psicoinmunoneuroendocrinología. Gran parte de sus investigaciones están relacionadas con los mecanismos del estrés y el impacto que tienen las experiencias traumáticas sobre el sistema biopsicosocial del individuo. En esta ocasión, Bonet indaga sobre los mecanismos de señalización molecular que forman un circuito neutralizador de adversidades. En otras palabras, intenta dar el sustrato neurobiológico y molecular del proceso resiliente. Circuitos neurales, hormonas, citoquinas y otras células que regulan la respuesta inmune forman parte de la compleja batería que, según el autor, contribuye a proteger nuestro sistema y, por consiguiente, a promover, o no, factores de resiliencia.

El Dr. Boris Cyrulnik, invitado internacional central de estas jornadas, es neuropsiquiatra, etólogo, director de estudios en la Universidad de Toulon (Francia) y autor de una gran cantidad de obras que son la referencia obligada en temas como la resiliencia y la teoría del apego. ¿Cómo se reescribe una vida? ¿Qué papel desempeñan las memorias del trauma? En este trabajo aborda el tema de las memorias traumáticas. Las memorias sanas —dice Cyrulnik— son evolutivas, a diferencia de las memorias relacionadas con el trauma, que son fijas y quedan atrapadas en el pasado. Experimentos realizados en distintas partes del mundo demuestran que un nicho sensorial empobrecido desorganiza el comportamiento de los bebés. «Cuando hay una desgracia, no es la madre la que transmite el trauma; es el dolor de la madre el que lo transmite», dice Cyrulnik para resaltar la importancia que tiene el impacto emocional de la madre sobre la vida y el desarrollo del niño. Reescribir la historia, encontrar un contexto que pueda escuchar y dotar de sentido al dolor serán algunos de los elementos que ayudarán a modificar las representaciones del trauma.

El Dr. Daniel Cardinali es médico, doctor en Ciencias Biológicas, investigador superior del Conicet, profesor emérito de la Universidad de Buenos Aires y autor de numerosas publicaciones y trabajos de investigación en las más destacadas revistas científicas nacionales e internacionales. En el capítulo del libro correspondiente a su conferencia, el autor se centra en el sueño lento como neuroprotector en el envejecimiento. Como destaca el investigador, una de las consecuencias del envejecimiento es la pérdida de la homeostasis, tanto reactiva como predictiva. Los mecanismos de la homeostasis predictiva en el anciano se empobrecen y dan lugar a un proceso cronodisruptivo con alteraciones del sueño. Un tema que ha cobrado gran importancia en los últimos años es el de la remoción de productos tóxicos durante el sueño, de modo que, al quedar afectado el sueño, impide llevar a cabo con éxito esta tarea. Por último, se abordan las aplicaciones médicas de la melatonina en su función tanto de cronobiótico como de poderoso citoprotector.

El Dr. Ricardo Iacub es licenciado y doctor en Psicología, profesor titular de la asignatura de Tercera Edad y Vejez en la carrera de Psicología de la Universidad de Buenos Aires, profesor invitado por importantes universidades americanas y europeas, y autor de numerosas publicaciones y libros que son una referencia destacada en la temática de la vejez. Su enfoque psicológico sobre la vejez y la resiliencia nos otorga datos llamativos, como el efecto paradojal que resulta de investigaciones recientes y que sostiene que —a pesar de todos los indicadores sociobiológicos negativos— los grupos humanos que se perciben más felices son los comprendidos en la franja etárea de los 20 años y, a continuación, en la de los 70 años de edad. Con probada evidencia científica, el autor sostiene que algunos de los mecanismos que posibilitan esta percepción de felicidad en los adultos mayores tiene que ver con lo que se llama «La teoría de la selectividad socioemocional», es decir, un manejo de las emociones que permite una mejor apropiación del presente y una menor reactividad frente a los fenómenos negativos.

El Dr. Jorge Medina es investigador superior del Conicet y director de un importante laboratorio de investigación para el estudio de la memoria. Fue profesor titular de Fisiología de la Universidad de Buenos Aires y es un científico muy prolífico, que ha publicado investigaciones sobre la consolidación de la memoria y los mecanismos del olvido. En esta oportunidad, y con un lenguaje accesible para el lector no especializado, aborda los conceptos básicos sobre el olvido en la investigación científica e indica cuáles son los últimos datos conocidos en la actualidad. Medina afirma: «En un mar que es el olvido hay pequeñas islas que son los recuerdos». De esta manera casi poética nos introduce en conceptos como el aprendizaje, los distintos tipos de memoria y los diferentes mecanismos del olvido. «Solo podremos olvidar aquello que alguna vez hemos aprendido». El estrés —afirma el investigador— modifica los recuerdos, pero eso no es el olvido. Se trata de las memorias que se formaron y luego, por diferentes mecanismos, se perdieron. Un tema apasionante, de enorme utilidad en la clínica y, además, de importancia central para lograr un proceso resiliente. Podemos preguntarnos: ¿es posible la resiliencia sin la participación de la memoria y el olvido?

Todos los investigadores que hemos reunido en estas jornadas —y de los cuales hemos seleccionado algunos trabajos de interés para la Psiconeurobiología de la Resiliencia— pertenecen a lo más destacado de la investigación científica nacional e internacional. Ha sido un verdadero orgullo para la Sociedad Argentina de Psicoinmunoendocrinología poder ofrecer en una sola jornada un abanico de trabajos científicos de tan alta calidad con una misma línea directriz, en el intento de articular diferentes facetas de un concepto clave, pero complejo, como lo es el concepto de resiliencia.

Es necesario expresar, por último, algunos agradecimientos, porque, de no haber contado con su colaboración, estas jornadas científicas no hubieran sido posibles. En primer lugar, queremos expresar nuestro más profundo agradecimiento al Dr. Boris Cyrulnik por su generosa contribución a este evento y a la publicación de este libro. No es muy frecuente en figuras de tan destacada trayectoria internacional encontrar a personas de una calidad humana excepcional que abren siempre un horizonte de esperanza para seguir apostando por la divulgación del conocimiento.

Agradecemos también a cada uno de los conferencistas su excelente disposición y desinteresada participación en el proyecto de las jornadas, y su compromiso posterior en la revisión y supervisión de sus capítulos respectivos para este libro.

También al Laboratorio Gador, que colabora con SAPINE desde hace años, por su aportación generosa e incondicional a la realización de las jornadas.

Un especial agradecimiento a cada uno de los miembros de la comisión directiva de SAPINE: Inés Manzanos, Stella Maris Gilabert, Andrés Ragusa, Melina Skare, Marcelo Marega, Marcelo Ceberio y Cristina Sfoggia. Con una disposición infrecuente en estos días, ofrecieron su trabajo en el armado de la jornada, en la discusión teórica de los temas a tratar, y en la preparación, la logística y la comunicación con los conferencistas y el resto de los participantes. Este trabajo no se hubiera podido llevar adelante sin la actitud generosa y comprometida de estos profesionales, que se abocaron a esta tarea con una dedicación entusiasta.

Gracias igualmente a Patricia Faur, licenciada en Psicología y escritora; coordinadora de la Maestría en Psicoinmunoneuroendocrinología, profesora de Salud Mental de la Facultad de Medicina de la Universidad Favaloro, secretaria de SAPINE y *alma mater* en la concreción de este libro. Podríamos decir que con su visita a Boris Cyrulnik en Toulon, en 2014, comenzó a gestarse la realización de estas jornadas y de este libro. Obviamente, sin su participación central, tampoco habrían sido posibles.

Me queda dar las gracias a los alumnos y concurrentes a estas y anteriores jornadas que, con su asistencia, preguntas y comentarios, nos enseñan y estimulan en esta suerte de camino que vamos forjando.

El paraíso perdido: las memorias del estrés temprano

Dra. Carolina Remedi

Hasta hace unas pocas décadas, la psicología evolutiva concentraba su atención sobre el niño en desarrollo. Hoy se sabe que el desarrollo es un proceso que incluye todo el ciclo vital de un ser humano y que un aspecto de vital relevancia como forjador de nuestro destino ulterior estará determinado por nuestra *prehistórica travesía de las cuarenta semanas que permanecemos en el vientre materno, el entorno más influyente del ser humano* (Murphy, P. A., 2010). El desarrollo prenatal no es ya un estado larvario del desarrollo humano, sino más bien el período activo y dinámico en el que el feto responde y se adapta a las condiciones intra y extrauterinas de la madre, que lo prepara para vivir la vida en un mundo muy particular: el mundo de los demás. Dicho esto, podría afirmarse que el recién nacido tiene un pasado de nueve meses en un primer ambiente, donde se programa la respuesta adaptativa del feto, se organizan sus sistemas fisiológicos, se forja la capacidad para afrontar la vida y se encarnan las emociones químicas de la madre que actúan como información procedente del mundo externo. El desarrollo prenatal es testigo del mayor número de transformaciones decisivas para la vida futura. La precoz interacción química entre madre y feto a través de la placenta —considerada como un órgano de intercambio complejo, fundamental para el embarazo, y no como un sencillo filtro de oxígeno, nutrientes y desechos— instala al bebé en el cuerpo materno, su primer hogar, y nada de lo que le suceda a este hogar le será ajeno.

Estrés materno y patrones de conducta formados en la etapa prenatal

La medición y definición del estrés es un tema de difícil dilucidación, ya que la evaluación de un factor estresor como tal puede ser indicador de un estímulo/amenaza, en función de la interpretación que la mujer haga de dicho acontecimiento. Tal interpretación puede ser una respuesta al estímulo, o bien resultar una consecuencia psicológica de dicha respuesta. Es decir, la gestación tiene dos características que le confieren importancia para que un acontecimiento pueda considerarse *estresante*: la *ambigüedad* —preocupación por las modificaciones corporales— y la *impredecibilidad del resultado*, en la que se entraman factores ligados a la personalidad de la mujer, niveles de ansiedad, capacidad de afrontamiento, eventos vitales y la propia situación biográfica.

Si bien no existen conexiones directas entre el cableado neural de la madre y del feto, se inicia una cascada de reacciones y se concatena un sistema de señales —circulatorias, hormonales e inmunológicas— que modifican directamente el ambiente uterino. Este ambiente está constituido por ese mar profundo que es el líquido amniótico, una fuente de nutrientes que es la placenta —que funciona a la vez como muro protector— y el puente tendido entre la madre y el hijo que es el cordón umbilical. Así, las respuestas de la madre a los estresores se traducen en modificaciones cardiometabólicas y neuroendócrinas tales como hipoxia, hipoflujo, falta de nutrientes, incremento de sustancias tóxicas e hipercortisolismo con la consecuente desregulación en el sistema de alerta (arousal). Este hecho, conocido como *teoría de la programación fetal*, se define como un *readecuamiento fisiológico por efecto de un estímulo nocivo precoz en un período sensible del desarrollo fetal*. Este concepto sugiere que los sistemas biológicos se adaptan al *input* del ambiente, pero la plasticidad de los mismos para adaptarse en el largo plazo se limita con el desarrollo. El proceso por el que acontece esta programación fetal se realiza mediante la inducción, deleción o impedimento del desarrollo de ciertas estructuras somáticas como resultado de una injuria en un período crítico del desarrollo (Glover, V. et al., 2010). Los mecanismos comprenden cambios en la expresión génica, en la diferenciación tisular y en procesos homeostáticos como la expresión enzimática. El resultado es la producción de modificaciones neuroanatómicas y neuroquímicas reactivas al estrés prenatal, vinculadas a patrones de comportamiento maladaptativos. Dado que las hormonas regulan el crecimiento fetal y el desarrollo tisular, actuarían como señales de maduración que adaptarían el desarrollo fetal a condiciones intrauterinas adversas. De este modo, maximizan las condiciones de sobrevida tanto *in útero* como al nacer, pero, a su vez, condicionan un mayor riesgo de ciertas patologías en la vida posnatal. Así, la adversidad temprana puede dar como resultado alteraciones neuroendócrinas y metabólicas permanentes que repercutan en la dimensión conductual del sujeto. En este aspecto, han recibido especial atención, a nivel funcional, el eje hipotalámico-hipofisario-adrenal (HHA), los sistemas serotoninérgico, glutamatérgico y GABAérgico, y, a nivel morfológico, estructuras centrales corticales (corteza prefrontal, temporal, insular) y subcorticales (amígdala, hipocampo), el cerebelo y otros órganos, como la placenta, en particular a la luz del desarrollo de la epigenómica. Por lo tanto, *el estrés materno es considerado actualmente como un verdadero teratógeno del desarrollo fetal*. Este concepto explicaría que, si acontecen situaciones de estrés en esos momentos del desarrollo intrauterino, algunos procesos implicados en el desarrollo de funciones neuropsicológicas complejas se inicien mucho antes del nacimiento y conformen una predisposición a determinadas estrategias de aprendizaje, sistemas de autocontrol, recursos de interacción, modos de autorregulación emocional y de obtención de gratificaciones y estilos de afrontamiento que conformarán el fenotipo (Casanello, P. et al., 2015). Todas estas modificaciones abonan un proceso de vulnerabilidad. Dicha vulnerabilidad podría sugerir que la exposición fetal a glucocorticoides «programa» un fenotipo caracterizado por la flexibilidad y adaptabilidad ante cambios frecuentes en el ambiente, en un intento por aumentar la supervivencia en contextos amenazantes y peligrosos.

Son muchas las razones por las cuales el impacto del ambiente en el desarrollo fetal es tan potente:

a) Los procesos de diferenciación de todas las estructuras cerebrales se producen en la gestación, más específicamente durante los primeros períodos de la misma.
b) Todas las interacciones entre el feto y el entorno uterino se caracterizan por activar «fenómenos en cascada». Para entender este concepto podemos recurrir a la analogía con un sextante, instrumento marino de precisión que se utiliza para medir ángulos entre el horizonte y los astros y así poder establecer una ruta correcta. Como es de suponer, si existiese en la medición un mínimo error de grado o un leve movimiento de la nave, ese error se magni-

ficaría en la desviación de la trayectoria. Así, pequeñas alteraciones en el desarrollo fetal podrían propiciar una cascada de enormes consecuencias a lo largo del ciclo vital posnatal.

c) La barrera hematoencefálica fetal es aún muy inmadura y, por lo tanto, tiene una protección limitada frente a las injurias del neurodesarrollo. Estos factores, entonces, pueden determinar la señalización del impacto del ambiente en el neurodesarrollo y alterar la disponibilidad de factores de crecimiento neurotróficos, sinaptogénesis, niveles de neurotransmisores, mielinización y producción de neuronas adultas.

Neurodesarrollo temprano: el cerebro inmaduro, un cerebro en construcción

El cerebro es el fundamento de la mente humana, el órgano del aprendizaje y la memoria. El feto humano está equipado con sistemas sensoriales muy competentes y zonas cerebrales no programadas genéticamente. Lo que está programado en el hombre es su *no programación*. Más del 65% de nuestro sistema nervioso central se desarrolla extrauterinamente, se cincela con la experiencia y aprende de ella. Las neuronas se informan al mismo tiempo que se forman; van edificando una red de altísima y compleja conectividad que se va integrando de forma asociativa con las múltiples experiencias a las que se expone. Este hecho no es sorprendente, ya que la respuesta del cerebro a la experiencia lleva al desarrollo de funciones más complejas, como el lenguaje, la cognición, el comportamiento y la coordinación de las vías motoras en este período temprano de la vida.

Para entender el complejo proceso del neurodesarrollo humano, podríamos asociarlo a la construcción de un edificio. Del mismo modo que los planos sientan las bases de la construcción, el genoma de un sujeto es el proyecto para el desarrollo de su cerebro. Parte del ADN produce las proteínas que dan la estructura, en tanto que otras actúan como «genes de sincronización» que manejan la secuenciación del proceso de estructuración. En el curso de estos últimos años se ha identificado un gran número de factores de transcripción, así como sus genes. Estos factores regulan la diferenciación de células madre pluripotenciales hacia células con capacidad fenotípica y funcional bien definida (neuronas, astrocitos, oligodendrocitos). Actúan como iniciadores de una cascada de eventos que llevan a la diferenciación celular y a la formación de órganos y tejidos. Cada tipo celular expresa una combinación de genes determinada que está controlada por la acción conjunta de señales del desarrollo, factores de transcripción neurales y epigenéticos. Así, las neuronas y las células de la glía funcionan como los materiales fundacionales —los ladrillos, la madera y el cemento—, en tanto que los axones, las dendritas y las conexiones sinápticas sirven como el cableado para la red eléctrica, de telefonía e internet.

Para entender estas relaciones, se hace necesario integrar el conocimiento sobre cómo las neuronas se desarrollan e interactúan entre sí y cómo la experiencia —el ambiente social— consigue «meterse bajo la piel» en todos los períodos de la vida. El número estimado de células en un recién nacido a término es del orden de 2×10^{12}. Los órganos fetales adquieren la madurez propia para permitirles adaptarse a la vida extrauterina a un ritmo que difiere de unos a otros. Así, mientras el sistema cardiocirculatorio, el pulmón y, en gran medida, el sistema endócrino alcanzan un grado de madurez compatible con las necesidades de adaptación a la vida extrauterina, otros, como el sistema nervioso, el sistema inmunitario, el sistema digestivo y el riñón, aún presentan importantes grados de inmadurez. El proceso de maduración se completará durante el desarrollo posnatal y proseguirá a ritmos también diferentes durante la infancia y la adolescencia hasta llegar a la edad adulta. El número estimado de células de un adulto es del orden de 6×10^{13} (Carrascosa, A., 2003). La salud y la nutrición maternas, el tamaño del útero, la placenta, la circulación fetoplacentaria y el aporte de oxígeno y nutrientes al feto son los mayores determinantes del desarrollo fetal.

El cerebro es particularmente plástico y versátil, pero también altamente sensible y vulnerable a las injurias. De hecho, es el órgano más vulnerable a la teratogénesis, tanto por el largo tiempo que toma su desarrollo —que excede en muchos años al nacimiento— como por los períodos críticos de mayor y más profundo desarrollo en los que acontece un estallido proliferativo de sus más de cien mil millones de neuronas, lo que permite compararlo con el número de estrellas de la Vía Láctea. Tras esta explosión aparece una suerte de *Big Bang* que las separa y aumenta notablemente el número de ramificaciones dendríticas, de modo que cada neurona recibe unas quince mil conexiones procedentes de otras neuronas vecinas (Washbourne, P., 2015). Es relevante resaltar que el dictado genético, es decir, la síntesis de los genes que activan el proceso del neurodesarrollo, se enciende durante los 21 primeros días de gestación, o sea, cuando la mujer todavía no sabe que está embarazada. Finalmente, a lo largo de todo este proceso que debe tener lugar para que se desarrolle el sistema nervioso durante los nueve meses de gestación, se generan 250.000 neuronas por minuto. Muchos habrán visto, en alguna ocasión, esas fotografías tomadas desde grandes alturas que muestran ciudades altamente iluminadas, como Amberes (Bélgica), Tokio (Japón), Montreal (Canadá), etcétera. Si quisiéramos comparar esas luces con la actividad neuronal, diríamos que un solo ser humano en desarrollo estaría encendiendo 250.000 luces por minuto durante los nueve meses de su gestación. Ahora bien, ¡imaginemos cómo se vería una ciudad que activara su iluminación a este ritmo durante nueves meses consecutivos! Por otro lado, como expuse anteriormente, la sinaptogénesis, es decir, el momento en el que el cerebro desarrolla el «cableado» y empieza a conectarse, se lleva a cabo de una manera vertiginosa a partir del segundo trimestre: cada neurona emite 40.000 disparos de señales por minuto; nunca más en la vida el cerebro va a estar tan activo como en ese período. Y los dos años posnatales son también singularmente importantes. Notemos que cuando el niño empieza a caminar —por lo general al año— se cae una y otra vez. Esto sucede porque el cerebro duplica su tamaño y pesa más que el cuerpo. Paralelamente, empieza a dirimirse la especificidad regional de la sustancia gris, por lo cual hay un efluvio de las neuronas, ya que hay que crecer e ir hacia adelante. En ese momento comienza a establecerse la conectividad estructural y funcional y empieza a develarse el desarrollo, es decir, el proceso más complejo que exhibe la biología y que resulta de ese interjuego entre genoma y ambioma, responsable del desarrollo del conectoma humano (Scheinost, D. et al., 2017).

Reconsiderando lo desarrollado con relación a los hitos del neurodesarrollo, existen tres hechos singulares que dan el carácter adaptativo y plástico al cerebro: la *neurogénesis*, la *mielinización* y la *poda*. Las injurias que puede provocar la adversidad temprana pueden afectar a la neurogénesis —suscitando inhibición o pérdida no deseada de materia gris—, el proceso de mielinización —con la consiguiente pérdida de funcionalidad y velocidad de conducción— y la poda —propiciando la pérdida precoz o bien manteniendo conexiones indeseadas— (Amores-Villalba, A. y Mateos-Mateos, R., 2017).

El desarrollo del cerebro fetal se expresa de una manera explosiva durante las 40 primeras semanas. En este punto cobra una vital importancia el ambiente fetal que lo circunda y acompaña, y de él depende que ese proceso se lleve a cabo de una manera saludable o no. Por este motivo, afirmamos que el aprendizaje —una de las características más importantes del cerebro humano y lo que nos distingue de otras especies— empieza mucho antes de nuestro nacimiento.

El estrés materno: teratógeno del desarrollo fetal

El embarazo ofrece un modelo experimental de la naturaleza para evaluar los efectos del estrés prenatal en los procesos del desarrollo humano, a través de manipulaciones prenatales y posnatales tempranas acontecidas durante el transcurso del mismo (uso de glucocorticoides de síntesis en la prematurez, deprivación nutricional de la madre, infecciones, uso de sustancias tóxicas, exposición a eventos traumáticos, hechos bélicos, actos de terrorismo, muerte o separación del cónyuge, estrés auditivo, condiciones laborales subóptimas, maltrato materno, manejo neonatal). El hallazgo de mayor incidencia que resulta del estrés prenatal se relaciona con el bajo peso al nacer y los partos prematuros, estando estos últimos directamente ligados a la intensidad del estrés sufrido por la madre (Shapiro, G. D. et al., 2013).

La ansiedad materna en el último trimestre gestacional se asocia significativamente a problemas del desarrollo conductual, cognitivo y emocional en la primera infancia (retraso del desarrollo psicomotor y disminución de la conducta exploradora, alteraciones del aprendizaje y la memoria, alteraciones en la regulación emocional, temperamento difícil, síntomas del espectro del déficit de atención y, de manera más estructurada, trastornos cognitivos, afectivos, psicóticos y del desarrollo de la personalidad). Sin embargo, se sabe que la mayoría de las mujeres embarazadas (80%), sometidas a estrés durante el embarazo, concluyen en partos saludables, lo que hace pensar en el efecto multiplicador de los factores de riesgo como forjadores de curso mórbido, y en el *timing* de la gestación en el que se imprimen los estresores (Cameron, N. y Demerath, E. W., 2002). Se describe un «período crítico», que se extiende desde las 12 hasta las 24 semanas de gestación, o bien el segundo y tercer trimestre gestacional, que explicaría el 10-25% de la variación en el comportamiento de los recién nacidos durante los siete primeros meses de vida, que incluye: llanto, hiperactividad, trastornos del sueño, trastornos alimentarios y desarrollo de temperamento difícil (emociones negativas). El estrés prenatal y la exposición materna a glucocorticoides exógenos pueden modificar el eje hipotálamo-hipofisario-adrenal (HHA) de manera persistente. Los glucocorticoides son esenciales para muchos aspectos del desarrollo cerebral, pero la exposición a un «excedente» puede desregular la función neuroendócrina en el largo plazo. Los efectos rápidos del estrés sobre el cerebro fetal incluyen la modificación de los circuitos de neurotransmisión y del andamiaje transcripcional. Asimismo, modifican los patrones de respuesta conductual, la morfología del cerebro y otros órganos. El *timing* de la exposición a los glucocorticoides tiene intensos efectos en la naturaleza del fenotipo expresado. La calidad del entorno prenatal y posnatal temprano puede propiciar una susceptibilidad para las enfermedades relacionadas con el estrés en el curso de la vida. Como fruto de estos hallazgos se ha demostrado que la programación del eje hipotálamo-hipofisario-adrenal (HHA) intrauterina está relacionada con el desarrollo de enfermedades cardiovasculares, insulinorresistencia y diabetes en la adultez.

El momento de la maduración del eje hipotálamo-hipofisario-adrenal (HHA) en relación con el nacimiento es muy específico en las diversas especies y se vincula a los procesos de desarrollo (Baquedano, E. et al., 2011). En el ser humano se funcionaliza hacia el tercer trimestre gestacional y completa su desarrollo en el período posnatal. Se registra un crecimiento exponencial de las concentraciones de cortisol en el plasma fetal en los 10 últimos días de gestación en los seres humanos. El aumento de glucocorticoides circulantes en el feto es fundamental para el desarrollo de los sistemas vitales, como el pulmón, el hígado y el riñón, del mismo modo que tendrá un impacto en el desarrollo normal del cerebro y del eje neuroendócrino. De hecho, recientemente se ha identificado una expresión significativa en la actividad transcripcional en el hipocampo. No obstante, el cerebro fetal sometido a circunstancias vitales negativas de la madre sufre el influjo neurotóxico de los glucocorticoides, que pueden dañar la plasticidad funcional del eje hipotálamo-hipofisario-adrenal (HHA) al aumentar el tono basal del mismo y del sistema simpático-adrenérgico. Las consecuencias podrían estar relacionadas con la propensión a desarrollar un temperamento inhibido con respuestas de ansiedad y alarma inadecuadas y sostenidas frente a situaciones de afrontamiento. El efecto deletéreo sobre las neuronas hipocámpicas —sumado a la menoscabada capacidad para resistir los embates del cortisol— aumenta la susceptibilidad a padecer trastornos de la memoria y el aprendizaje en el curso vital. Se ha mencionado previamente el importante rol del sistema serotoninérgico como neurotransmisor morfógeno, es decir, como facilitador del neurodesarrollo. Durante la gestación temprana, y previo a la formación de las proyecciones serotoninérgicas mesencéfalo-corticales, fuentes periféricas suministran la serotonina al prosencéfalo, por lo que se cree que ciertas alteraciones maternas o placentarias de los sistemas serotoninérgicos podrían impactar en el neurodesarrollo embrionario. La placenta tiene una función en la síntesis de este neurotransmisor y, bajo el influjo del estrés prenatal, la metilación placentaria del gen que codifica para el receptor de serotonina, 5-HT2A, podría afectar la señalización serotoninérgica placentaria. Este cambio en la señalización del neurotransmisor podría modificar el desarrollo cerebral fetal a largo plazo y suscitar una hipofuncionalidad que confiera un riesgo ulterior de síntomas afectivos, del control de impulsos y dolor crónico (Oberlander, T. F., 2012).

El estrés materno conduce a múltiples cambios cardiovasculares y endócrinos en la madre, incluido el aumento de ACTH plasmático, las concentraciones de B-endorfina, glucocorticoides y catecolaminas. La placenta, como órgano de barrera estructural y bioquímico, produce una enzima, la 11B hidroxi-dehidrogenasa tipo 2 (11B-HSD2), que limita de manera natural el ingreso de los glucocorticoides maternos al feto, a través de la metabolización de corticosterona en 11-dehidrocorticosterona, un metabolito inactivo. La inhibición de esta última, por exposición al estrés materno, resulta en hiperactividad del eje hipotálamo-hipofisario-adrenal (HHA) y aumento del factor liberador de cortisol (CRF) amigdalino, dando lugar a un fenotipo ansioso en el feto (Glover, V., 2015). La reducción de dicha enzima durante la gestación se correlaciona con menor peso al nacer (reducción del suministro de glucosa al feto) e incremento de la presión arterial en el curso de la vida. Lo notable es que la capacidad catalítica de esta enzima frente a un estresor agudo se ve disminuida si ya hubo una exposición crónica al estrés con anterioridad. Así, el exceso de glucocorticoides maternos que atraviesa la barrera placentaria hace de estos los vehículos preferidos como «factores de programación» portadores de los efectos del estrés materno hacia el feto (Mc Gowan, P. y Matthews, G., 2018).

Por otra parte, el aumento de catecolaminas maternas induce a una constricción vascular en la placenta. La placenta es un órgano fundamental en el embarazo, ya que su principal función es transmitir los nutrientes al feto, por lo cual el nivel de flujo sanguíneo hacia el útero es de unos 500-700 ml/minuto. Se deduce de ello que el incremento de catecolaminas de la madre induce hipoxia fetal, lo que a su vez activa el eje HHA fetal y el sistema nervioso simpático, que, además de vulnerar la respuesta fetal al estrés, obstaculiza el crecimiento intrauterino.

Sin embargo, existen evidencias de que nuestro cerebro se adapta y aprende de todas las contingencias que debe afrontar, desde las más desfavorecidas en la carga genética, en el neurodesarrollo y en las múltiples formas de desregulación, hasta los entornos ambientales más limitantes. Parece ser mucho más tolerante a cualquier tipo de «fallo» y «tiene una gran capacidad de adaptación al daño»; *lo caracteriza su capacidad de resiliencia*. Pero ¿cómo abordar esta increíble plasticidad adaptativa? Podemos afirmar que la adaptación es un fenómeno presente en los seres vivos. También sabemos que es un proceso dinámico a la vez que regulatorio por excelencia. Lo que aprendimos desde la teoría de la evolución nos dice que el costo de la capacidad adaptativa de nuestra especie humana es «el tiempo». Si dispusiéramos de un genoma que mute rápidamente para hacer logros adaptativos «según los requerimientos de tiempo y forma», el relato de la vida humana sería mucho más simple. Sin embargo, la gran diversidad de tipos celulares que se adaptan a ambientes tan variopintos en nuestra condición humana, que alberga aproximadamente 23.000 genes, no puede explicarse por mutaciones, ya que la modificación en la secuencia de genes es un proceso sumamente lento e infrecuente en nuestra evolución.

Entonces podemos preguntarnos qué ocurriría si se identificaran mecanismos favorecedores de cambios que no dependieran de la secuencia de los genes, sino más bien de la estructura que toma el ADN dentro de la célula, es decir, de la cromatina: es allí donde nace una nueva ciencia, la epigenómica, que estudia los cambios en la actividad de los genes que no involucran su patrón estructural, sino su capacidad transcripcional.

Volvamos a la cromatina. Esta estructura está formada por el ADN y las histonas, proteínas básicas que se unen al ADN, lo comprimen y lo mantienen dentro del núcleo. Cuando la interacción histona/ADN se relaja y se abre, se hace accesible la transcripción genética para que ciertos genes que estaban silenciados se puedan transcribir. Esta es la parte del libro de la vida que es modificable por la experiencia y por el entorno. De este modo, se pone en marcha toda una maquinaria «de interruptores y promotores» que trabajan activando o impidiendo la señalización para la expresión de los genes. Los mecanismos epigenómicos guardan relación con la modificación de la estructura cromatínica y el control transduccional del ARN mensajero, mediante procesos de metilación, fosforilación y acetilación, cuyos resultados serían transmitidos a la descendencia gracias a la programación fetal y a las modificaciones en las líneas germinales, dando sustrato a los efectos de los mecanismos parentales en la variación fenotípica (Kappeler, L. y Meaney, M. J., 2010).

Podemos concluir que el comportamiento humano se ordena paulatinamente desde el ambiente intrauterino: las primeras lecciones de la vida llegan antes del nacimiento. En la formación de una nueva vida muchos factores entran en juego, pero lo que le da singularidad es que, a diferencia de la herencia, los pensamientos, los sentimientos y las experiencias maternas son controlables, moldeables y modificables. Si bien las marcas y los procesos se pueden heredar, un contexto de redes comunitarias y el posicionamiento desde una perspectiva del desarrollo podrían prevenir la emergencia de condiciones aparentemente irreversibles en su predisposición epigenética, con una atención temprana centrada en la madre, el niño y el entorno circundante.

Bibliografía

Amores-Villalba, A. y Mateos-Mateos, R. (2017), «Revisión de la neuropsicología del maltrato infantil: la neurobiología y el perfil neuropsicológico de las víctimas de abusos en la infancia», en *Psicología Educativa*, n.º 23, págs. 81-88.

Baquedano, E., García-Cáceres, C., Diz-Chaves, Y., Lagunas, N. et al. (2011), «Prenatal stress induces long-term effects in cell turnover in the hippocampus-hypothalamus-pituitary axis in adult male rats», en *PLoS One* 6 (11): e27549.

Cameron, N. y Demerath, E. W. (2002), «Critical periods in human growth and their relationship to diseases of aging», en *American Journal of Physical Anthropology*, 119 (S35), págs. 159-184.

Carrascosa, A. (2003), «Crecimiento intrauterino: factores reguladores. Retraso de crecimiento intrauterino», en *Anales de Pediatría*, 58 (supl. 2), págs. 55-73.

Casanello, P., Krauseb, B. J., Castro-Rodrigueza, J. A. y Uauya, R. (2015), «Programación fetal de enfermedades crónicas: conceptos actuales y epigenética», en *Revista Chilena de Pediatría*, vol. 86, n.º 3, págs. 135-137.

Glover, V. (2015), «Prenatal stress and its effects on the fetus and the child: possible underlying biological mechanisms», en *Adv. Neurobiol.*, n.º 10, págs. 269-283.

—, O'Connor, T. G. y O'Donnell, K. (2010), «Prenatal stress and the programming of the HPA axis», en *Neurosci Biobehav Rev.*, n.º 35, págs. 17-22.

Kappeler, L. y Meaney, M. J. (2010), «Epigenetics and parental effects. Prospects & Overviews», en *Bioessays*, n.º 32, págs. 818-827, Wiley Periodicals.

McGowan, P. y Matthews, G. (2018), «Prenatal Stress, Glucocorticoids, and Developmental Programming of the Stress Response», en *Endocrinology*, vol. 159, n.º 1, enero, págs. 69-82.

Murphy, Annie (2010), *How the nine months before birth shape the rest of our lives*, Free Press, New York.

Oberlander, T. F. (2012), «Fetal serotonin signaling: setting pathways for early childhood development and behavior», en *Journal of Adolescent Health*, n.º 51, págs. 9-16.

Scheinost, D., Sinha, R., Cross, S. N., Hyun Kwon, S. et al. (2017), «Does prenatal stress alter the developing connectome?», en *Official Journal of the International Pediatric Research Foundation, Inc*, vol. 81, n.º 1, enero.

Shapiro, G. D., Fraser, W. D., Frasch, M. G. y Séguin, J. R. (2013), «Psychosocial stress in pregnancy and preterm birth: associations and mechanisms», en *Journal of Perinatal Medicine*, 41 (6), págs. 631-645.

Washbourne, P. (2015), «Synapse assembly and neurodevelopmental disorders», en *Neuropsychopharmacology*, n.º 40, págs. 4-15.

Experiencias tempranas y la programación epigenética de la expresión génica

Dr. Eduardo Cánepa

Desde hace mucho tiempo, los investigadores en neurociencias sabemos que las experiencias tempranas, aquellas que tienen lugar en las primeras etapas de la vida, tienen un efecto directo sobre el desarrollo del sistema nervioso y del cerebro en particular. Cuando estas experiencias e interacciones sociales son adversas, tóxicas o agresivas, tienen consecuencias que, en general, van en detrimento del individuo; lo que podemos agregar, quizás, es que también pueden tener un cierto valor adaptativo de acuerdo con el ambiente en el cual se va a desarrollar ese sujeto particular. Algunos ejemplos que tal vez validan esta afirmación y que afectan negativamente a las funciones del cerebro en la etapa adulta quedan implícitos en la malnutrición perinatal que predice síntomas depresivos en la adolescencia, en el efecto de la pobreza durante la infancia o en la exposición a un estrés crónico.

Sabemos, por lo tanto, que las experiencias tempranas influencian de alguna manera el desarrollo del cerebro; pero, si bien este es un tema que está bien estudiado, todavía existen muchas dudas y zonas oscuras, fundamentalmente sobre cuáles son los mecanismos moleculares que ligan las experiencias tempranas con los comportamientos del individuo. Creemos entonces que estas zonas, todavía por explorar, son las que pueden llevar a determinar cómo la adversidad se mete bajo la piel y tiene luego consecuencias que perduran a lo largo de toda nuestra vida.

Veamos un ejemplo: en 1944, con Holanda invadida durante la segunda guerra mundial, la población holandesa —sobre todo la del oeste de Holanda— sufrió una terrible hambruna, en parte debido al racionamiento de los alimentos por el ejército invasor y en parte por las bajísimas temperaturas durante aquel invierno, que congelaron ríos e impidieron el acceso de alimentos a la población. Estos eventos se conocen hoy como «la hambruna holandesa», que tuvo lugar entre diciembre de 1944 y abril de 1945 y durante la cual la población general recibió raciones diarias mínimas (de entre 400 y 500 calorías). Esto significó, por desgracia, uno de los experimentos naturales más importantes que se conocen: los adultos que habían sido gestados durante esa hambruna sufrieron, como consecuencia, un menor peso al nacer, resistencia a la insulina, un perfil lipídico aterogénico, obesidad, enfermedades cardiovasculares, cáncer e incluso deficiencias en su salud mental. Se observó una duplicación de la tasa de esquizofrenia, desórdenes de personalidad antisocial, depresión, deficiencias cognitivas y, como consecuencia social de lo antedicho, una mayor tasa de desempleo entre la población de adultos gestados durante aquella época. Este es un claro ejemplo de que las consecuencias de adversidades tempranas tienen efectos que pueden perdurar a lo largo de la vida [1].

En un trabajo reciente, se estudiaron las modificaciones epigenéticas, como la metilación del ADN. que aparecen en el genoma de los adultos que fueron gestados antes, durante y después del período de hambruna. El estudio puso énfasis en la primera etapa de gestación. Se observó que la magnitud de los cambios en la metilación de estos genes era mayor cuando el último período de menstruación de la madre —es decir, cuando fueron gestados— coincidía con la mínima cantidad en el consumo de calorías.

Este dato marca una correlación que, si bien no podemos asociar directamente y sin cuestionamiento a los factores expuestos, ya que estas determinaciones fueron hechas en sangre, resulta interesante mencionar. Se trata de cambios epigenéticos tales como la metilación del ADN en ciertos genes asociados a alguna adversidad temprana, como la malnutrición durante la gestación. La mayoría de los genes que presentaban cambios en la metilación del ADN estaban involucrados en procesos metabólicos alterados en estos individuos y eran, en parte, responsables de las enfermedades que mencionamos y que aquellos sujetos de estudio estaban sufriendo.

Entendemos que existe una conexión importante entre las adversidades tempranas y las enfermedades a través de cambios epigenéticos en el genoma. Si nos remitimos a la biología del organismo veremos que, como todos los organismos biológicos, somos producto de dos historias: una historia evolutiva, que ha construido nuestro genoma durante centenares de miles de años y que nos define como especie, y una historia del desarrollo, que comienza en el mismo momento de nuestra concepción y que reúne el conjunto de interacciones con el medio ambiente. Esta última es la que enfrenta nuestros genes con el mundo que nos rodea y la que constituye el bagaje de experiencias que van tallando nuestra personalidad. Ambas historias se encuentran en el punto en el que estas experiencias modulan la expresión génica y nos alejan del determinismo como especie al que nos ancla nuestro genoma. Así, damos paso a la construcción de lo que nos define como sujetos individuales, únicos e irrepetibles.

Esta reflexión planteó una dicotomía entre naturaleza y crianza, entre *nature* y *nurture*. Sabemos hoy en día que ambiente y genoma son factores que están relacionados, que no son compartimentos separados, sino que son algo que es necesario conocer en su totalidad. El fenotipo de un individuo no puede direccionarse solamente por el ambiente o por el genoma; este fenotipo emerge exclusivamente de la interacción entre ambos componentes. Este tipo de relación transitiva entre ambos define el comportamiento y, por lo tanto, da las características únicas que cada uno de nosotros tiene.

En este estado de la cuestión, lo que se propone como uno de los mecanismos que median la relación entre el genoma y el ambiente son los mecanismos epigenéticos. Estos mecanismos epigenéticos están perfectamente descritos desde hace muchos años en los mecanismos de diferenciación. ¿Por qué todas las células de nuestro organismo, si tienen el mismo ADN, cumplen funciones tan distintas, como las células de la sangre, las células nerviosas, etcétera? Este fenómeno ocurre porque, durante el proceso de diferenciación, ciertos genes se van silenciando mediante la activación de mecanismos epigenéticos —principalmente la metilación del ADN—, lo cual hace que las células madre, las células progenitoras, sigan una determinada línea: de totipotentes se convierten en pluripotentes, luego en unipotentes y, finalmente, se diferencian. Este mecanismo de diferenciación está gobernado por mecanismos epigenéticos. Esta es la epigenética clásica, la que se conoce desde hace muchos años, pero de la que se pensaba que era absolutamente irreversible. Normalmente, una célula nerviosa no se «desdiferencia» para convertirse en una célula de sangre porque los mecanismos epigenéticos, principalmente, mantienen a esa célula diferenciada. Hasta hace poco tiempo, la característica fundamental de los mecanismos epigenéticos era su irreversibilidad. No obstante, en los últimos años se sabe que los mecanismos epigenéticos son mediadores —no los únicos, pero sí mediadores por lo menos parciales— de los efectos del ambiente sobre el genoma.

Por lo tanto, a continuación deberíamos preguntarnos cuáles son estos mecanismos epigenéticos. Podemos establecer que los más directamente involucrados en la relación ambiente-comportamiento se relacionan íntimamente con las modificaciones de las histonas —proteínas que interactúan con el ADN—, como la acetilación, la metilación, la fosforilación, etcétera. Estos mecanismos desplazan el equilibrio de la heterocromatina —una cromatina que condensa el ADN y que es inaccesible para su expresión génica— hacia la eucromatina, que sería la cromatina más laxa, la más accesible a los factores de transcripción y viceversa. Por lo tanto, el desplazamiento de este equilibrio está mediado por modificaciones epigenéticas, principalmente por las modificaciones de las histonas antes mencionadas [2].

Otro factor involucrado es la metilación del ADN, que en general es represivo de la expresión de los genes. Actualmente se sabe que la hidroximetilación del ADN —modificación que deviene de la metilación— también es importante en este proceso, ya que regula la expresión génica. Esta metilación se produce en lo que llamamos islas CpG, que son secuencias de ADN repetidas que contienen C y G.

Otro factor que se ha considerado hace poco tiempo como mecanismo epigenético queda representado por los ARN no codificantes, principalmente los microARN: pequeñas porciones de ARN codificadas en genes cuya expresión puede regular, en general negativamente, la traducción de los mensajeros, y también acelerar su degradación, lo cual reprime, por supuesto, la expresión génica.

Ahora bien, ¿qué papel jugarían estos mecanismos epigenéticos en los procesos de plasticidad adaptativa, es decir, en aquellos procesos que permiten la adaptación de un organismo, de una especie al ambiente que lo rodea? Sabemos que los mecanismos homeostáticos (y cuando hablamos de estrés quizás tenemos que hablar de mecanismos alostáticos) son aquellos mecanismos que, en segundos o en minutos, se activan ante un factor de estrés y tratan de normalizar la situación, como respuesta ante ese estrés, para equilibrar de alguna manera la situación del individuo con el fin de lograr una adaptación a esa condición nueva. Estos son mecanismos que actúan en tiempos muy cortos [3].

Por otro lado, en el extremo opuesto, tenemos los mecanismos de selección: mecanismos que están ligados a la evolución, a los cambios por mutaciones en el ADN y que, obviamente, están circunscritos a una escala de tiempo mucho mayor, ya que sus modificaciones toman centenares de miles de años. En medio de este proceso reconocemos un tipo de plasticidad particular, llamada «plasticidad durante el desarrollo», que estaría constituida por los mecanismos epigenéticos; mecanismos que, en una escala temporal (no solo humana, sino animal, porque muchos experimentos se hacen en ratones y ratas que viven dos o tres años), duran meses, años o un par de generaciones. Estos mecanismos adaptan al individuo en las etapas más tempranas de la vida: a través de la madre, en el caso de los animales (porque la hembra es la que por lo general está al cuidado de las crías en el reino animal); a través de los padres y la familia, en el caso de los humanos. Este grupo de personas, principalmente la madre, repito, a través de la placenta, censa el ambiente y programa a la cría para un futuro que espera que sea igual al presente; por ejemplo, si hay disponibilidad o escasez de alimentos, si existe la posibilidad de un ambiente violento, hostil, agresivo, tóxico, etcétera. Censan ese presente y programan al niño en gestación o recién nacido para ese momento particular y hacen, a su vez, una previsión del futuro que garantice el bienestar del individuo al tener en cuenta los factores del ambiente. Este proceso es posible, en gran medida, a través de los mecanismos epigenéticos.

Por lo tanto, podemos considerar que el genoma tiene dos capas de información: la secuencia del ADN heredada de nuestros padres, que se conserva a lo largo de toda nuestra vida y que es idéntica en todos los tejidos, y las marcas epigenéticas que son específicas de cada uno de los tejidos y las células. La regulación de la expresión génica a través de mecanismos epigenéticos permite la integración de las señales ambientales con el genoma, facilita la adaptación de un organismo a los potenciales cambios del medio ambiente y confiere plasticidad a la rigidez del genoma. En otras palabras, podemos decir que los mecanismos epigenéticos son el medio a través del cual un organismo programa sus respuestas comportamentales en la vida adulta, de acuerdo con las experiencias ambientales de las que ha sido objeto en una etapa temprana de su desarrollo.

Antes de continuar —y aprovechando mi profesión de químico y biólogo molecular investigador— quisiera señalar algunos resultados experimentales sobre el tema para argumentar esta ponencia con datos concretos. Sabemos que el eje hipotálamo-pituitario-adrenal (HPA) se ocupa de la respuesta básica al estrés, tanto en humanos como en ratones o ratas, y que dicha respuesta involucra al hipotálamo, a la pituitaria y a la adrenal, que liberan, finalmente, glucocorticoides: cortisol, en el caso de los humanos; corticosterona, en el caso de los roedores.

Esta acción dispara la respuesta al estrés, pero, cuando cesa el estímulo estresante, esa respuesta tiene que finalizar. Señalamos entonces aquí la necesidad de un *feedback* negativo, una retroalimentación negativa para que cese la respuesta una vez finalizado el estrés porque, de otro modo, el exceso de cortisol circulante devendrá en un estado de estrés permanente, aun en ausencia del estímulo original. Por lo tanto, el *feedback* más importante es el de los glucocorticoides que operan sobre el hipocampo, que es recaptado por los receptores de glucocorticoides (proteínas que envían señales para cesar la respuesta al estrés). [4].

En la actualidad se utilizan tres modelos para estudiar los efectos del estrés sobre el desarrollo y la funcionalidad del cerebro y los mecanismos epigenéticos involucrados: uno que se realiza a través de la experimentación en animales; otro, modelo para el estudio en humanos, utiliza tejidos cadavéricos; y otro, muy utilizado en la actualidad, que se realiza en sujetos a través de líquidos periféricos como la saliva o la sangre (líquidos en los que se observa una alta correlación con lo que sucede en el cerebro).

A continuación me gustaría citar un estudio clásico realizado por Michael Meaney, en Canadá, en el que se observó una programación epigenética dada por el comportamiento materno [5]. Las ratas y las ratonas son muy buenas madres: cuidan muy bien a sus crías. Sabiendo esto, y de acuerdo con el tiempo que pasaban amamantando y haciendo *licking and grooming*, el lamido y acicalado de los ratones, se pudo distinguir entre «madres buenas cuidadoras y madres poco cuidadoras». En ese contexto, luego determinaron y estudiaron la metilación del receptor de glucocorticoides en el hipocampo de las crías. La pretensión era encontrar una posible relación entre el comportamiento materno y la conducta de las crías. Los responsables de llevar a cabo este experimento habían podido observar con anterioridad que las crías que recibían poco cuidado materno presentaban trastornos del tipo ansioso o depresivo cuando eran adultas. Así, observaron que este receptor de glucocorticoides, cuya expresión en el hipocampo es absolutamente necesaria para lograr aquella retroalimentación negativa de la que hablamos anteriormente (retroalimentación que se encarga de regular el estrés una vez finalizado el estímulo estresante), estaba mucho más metilado en las crías con madres que dispensaban un bajo cuidado. Esta observación sugiere que la expresión del receptor de glucocorticoides en esta región del cerebro será mucho menor en las crías de ratones que tuvieron un menor cuidado materno porque la metilación del ADN es represiva de la expresión génica.

Luego se preguntaron si estas diferencias en la metilación del ADN entre las crías que recibían poco o mucho cuidado materno se producían *in útero* o bien provenían del cuidado materno *per se* que recibían a partir del nacimiento. Para contestar esta pregunta realizaron experimentos de adopción.

En aquellas crías que nacían de una madre de bajo cuidado y que eran puestas inmediatamente bajo la crianza de madres de bajo cuidado notaron que el receptor de glucocorticoides continuaba estando muy metilado. Ahora bien, si la cría que había nacido de una madre de alto cuidado era pasada a una de bajo cuidado, la metilación resultante era alta, y viceversa. Esto indicaba que la mayor o menor metilación se debía, claramente, al cuidado que daban las madres a sus crías y no a un efecto producido *in útero*. Por otro lado, si analizaban la metilación del ADN de este gen en embriones de 20 días, es decir, poco antes de nacer, observaban que el receptor de glucocorticoides en aquellas crías no estaba metilado. Poco después del nacimiento, el gen del receptor de glucocorticoides se metila rápidamente y es el mayor o menor cuidado materno en ese primer día el que determina que la metilación disminuya o permanezca elevada, respectivamente. Por lo tanto, concluimos que es el cuidado materno intensivo el que hace bajar esa metilación y el que permite una alta expresión del receptor de glucocorticoides, a la vez que da la posibilidad de un *feedback* negativo intenso y un poder de regulación elevado como respuesta al estrés.

Como dato complementario podemos agregar que, durante dicho experimento, se observó también que las crías de bajo cuidado evidenciaban un alto índice de cortisol en respuesta al estrés. ¿Por qué? Porque el receptor de glucocorticoides estaba reprimido y presentaban un fenotipo ansioso y depresivo. Las crías, cuando eran madres, reproducían el mismo comportamiento que habían recibido (ya sea de bajo o de alto cuidado) con sus respectivas crías. Este comportamiento, por otro lado, podía ser revertido mediante un inhibidor de la metilación del ADN. Este hecho creaba una relación causal bastante fuerte: cuando se aplicaba un inhibidor de la metilación del ADN, el fenotipo ansioso y depresivo bajaba, indicando causalidad entre metilación, expresión del receptor de glucocorticoides y comportamiento.

Esta reversión de la metilación y del comportamiento relacionado con la ansiedad y la depresión también puede darse por la exposición de las crías a un ambiente enriquecido: una jaula con toboganes, túneles, laberintos y con mayor espacio; es decir, un ambiente relacionado con estímulos positivos puede revertir la acción de adversidades tales como, en este caso, un bajo cuidado materno [6].

El resultado de todos estos trabajos experimentales enfatiza el valor adaptativo ante las adversidades: el poco cuidado que una madre dispensa a sus crías no se debe necesariamente a una maldad natural, sino más bien a factores ambientales y contextuales que condicionan ese comportamiento: un ambiente con escasez de alimentos o merodeado por predadores puede determinar conductas que tiendan a priorizar la supervivencia por sobre el óptimo cuidado a las crías. En este sentido, vemos cómo hay una preparación temprana de esa cría para sobrevivir en ese ambiente particular, posiblemente hostil, en el que se desarrollará su existencia.

A partir de estos estudios realizados en animales cabe preguntarnos si hay algún tipo de correlación en los humanos, o si existen mecanismos similares a los descritos en roedores. Aparentemente, sí. Para sostener esta afirmación me gustaría citar ahora un trabajo realizado por Gustavo Turecki, un investigador argentino radicado desde hace muchos años en Canadá [7].

En este trabajo se estudió si había metilación del ADN en la misma posición en el gen del receptor de glucocorticoides (el ortólogo en humanos del que poseen los ratones). Se formularon la pregunta de si estaría metilado del mismo modo. Para ello recurrieron a un banco de cerebros en Canadá y se focalizaron en el hipocampo de cerebros de adultos, todos de una edad aproximada, que se habían suicidado, pero que no tenían una historia de abuso infantil, y lo compararon con cerebros de suicidas que sí tenían historias de abuso infantil. Vieron entonces que la expresión del receptor de glucocorticoides era mucho más baja en el grupo de suicidas abusados, lo cual implicaba una deficiente regulación en la respuesta al estrés, tal como se había observado en las ratonas de bajo cuidado materno. Esta menor expresión se correlacionaba perfectamente con una mayor metilación en el gen del receptor de glucocorticoides.

Existen ejemplos similares para otros genes, como el FKBP5, que codifica para un regulador del receptor de glucocorticoides y en el que también se observa un aumento en la metilación del ADN en adultos que habían presentado, en sus historias clínicas, signos de abuso físico, sexual o emocional. Existen, asimismo, estudios clínicos de investigación que reportan metilaciones diferenciales en el transportador de serotonina y en la monoaminooxidasa que regula los niveles de serotonina en el espacio intersináptico. Si bien esto puede ser considerado como algo beneficioso, es importante aclarar que un exceso de serotonina puede relacionarse con comportamientos de violencia y de agresividad. Hablamos, entonces, de una correlación entre metilación y expresión génica que se liga a comportamientos violentos o de agresividad [8].

Evidentemente, hay estudios que no pueden ser realizados en individuos, es decir, pruebas que expongan a sujetos a situaciones adversas solo con fines de investigación. Sin embargo, se han obtenido datos de observaciones en humanos que, por alguna razón natural o social, han sido expuestos a algún tipo de adversidad, como, por ejemplo los estudios que se han hecho en niños institucionalizados a edades tempranas. Un caso muy estudiado es el Proyecto de Intervención Temprana de Bucarest. En ese estudio se observó que, cuanto mayor era el tiempo de institucionalización de los niños, mayor era la disminución de la actividad cerebral en distintas regiones, que traía aparejadas deficiencias cognitivas y trastornos emocionales. Estas deficiencias se correlacionaban con cambios en la metilación del ADN en genes relacionados con la funcionalidad del cerebro.

Otra correlación que se está estudiando en la actualidad es la de la metilación del ADN en sujetos expuestos a condiciones socioeconómicas adversas o de desigualdad. Como es sabido, individuos sometidos a condiciones socioeconómicas desfavorables y con carencias, presentan un riesgo elevado para el desarrollo de problemas en la salud física y mental que se relacionan con cambios globales en la metilación del ADN en el genoma. Por lo tanto, estos cambios epigenéticos podrían estar afectando la expresión de genes y, con ello, la alteración de distintos caminos metabólicos.

En conclusión, tenemos abundantes datos que relacionan diversas situaciones adversas, tales como la agresividad, la malnutrición, el abuso y el estrés crónico, entre otras, con cambios en los mecanismos epigenéticos que nos permiten hipotetizar que las modificaciones epigenéticas constituirían una interfase entre el ambiente y el genoma. Muchas de estas modificaciones epigenéticas pueden ser heredables: algunas, a través de la repetición de comportamientos de una generación a otra, tal como se observó en aquellas crías que repetían el mismo comportamiento materno que recibían de sus madres; y otras —y esto es algo que se discute actualmente— a través de la línea germinal en la que uno de los padres recibe un estímulo adverso y luego las crías de las siguientes generaciones que nunca estuvieron expuestas a ese estímulo adverso reeditan o tienen comportamientos anómalos correlacionados con aquella adversidad primaria [9].

Desde hace unos pocos años se viene desarrollando un área de la epigenética denominada epigenética social, que indaga en la igualdad de oportunidades, en el fantasma de nuestros genes, en las implicancias legales y éticas de la epigenética y en la incorporación de efectos epigenéticos como causas y consecuencias de fenómenos sociales [10]. La epigenética, por lo tanto, se relaciona con las ciencias sociales porque su conocimiento y su profundización nutren el debate sobre las condiciones que determinan la programación temprana. El individuo no tiene ningún poder de decisión sobre estas condiciones: las marcas epigenéticas, en general, son establecidas tempranamente en el desarrollo, y sus efectos, muchas veces, persisten durante toda la vida.

Bibliografía

[1] Tobi, E. W., Goeman, J. J., Monajemi, R., Gu, H., Putter, H., Zhang, Y., Slieker, R. C., Stok, A. P., Thijssen, P. E., Müller, F., Van Zwet, E. W., Bock, C., Meissner, A., Lumey, L. H., Eline Slagboom, P. y Heijmans, B. T. (2014), «DNA methylation signatures link prenatal famine exposure to growth and metabolism», en *Nature Communications*, vol. 5.

[2] Burns, S. B., Szyszkowiez, J. K., Luheshi, G. N., Lutz, P. E. y Turecki, G. (2018), «Plasticity of the epigenome during early-life stress», en *Seminars in Cell and Developmental Biology*, vol. 77, págs. 115-132.

[3] Hochberg, Z., Feil, R., Constancia, M., Fraga, M., Junien, C., Carel, J. C., Boileau, P., Le Bouc, Y., Deal, C. L., Lillycrop, K., Scharfmann, R., Sheppard, A., Skinner, M., Szyf, M., Waterland, R. A., Waxman, D. J., Whitelaw, E., Ong, K. y Albertsson-Wikland, K. (2011), «Child health, developmental plasticity, and epigenetic programming», en *Endocrine Reviews*, vol. 32, enero, págs. 159-224.

[4] Buschdorf, J. P. y Meaney, M. J. (2015), «Epigenetics/Programming in the HPA Axis», en *Comprehensive Physiology*, vol. 6, n.º 1, págs. 87-110.

[5] Weaver, I. C. G., Cervoni, N., Champagne, F. A., D'Alessio, A. C., Sharma, S., Seckl, J. R., Dymov, S., Szyf, M. y Meaney, M. J. (2004), «Epigenetic programming by maternal behavior», en *Nature Neuroscience*, vol. 7, n.º 8, págs. 847-854.

[6] Baroncelli, L., Braschi, C., Spolidoro, M., Begenisic, T., Sale, A. y Maffei, L. (2010), «Nurturing brain plasticity: impact of environmental enrichment», en *Cell Death and Differentiation*, vol. 17, n.º 7, julio, págs. 1092-1103.

[7] McGowan, J. M., Patrick, O., Sasaki, A., D'Alessio, A., Cymot, S., Labonte, B., Szyf, M., Turecki, G. y Meanei, M. J. (2009), «Epigenetic regulation of the glucocorticoid receptor in human brain associates with childhood abuse», en *Nature Neuroscience*, vol. 12, n.º 3, págs. 342-348.

[8] Klengel, T., Mehta, D., Anacker, C., Rex-Haffner, M., Pruessner, J. C., Pariante, C. M., Pace, T. W., Mercer, K. B., Mayberg, H. S., Bradley, B., Nemeroff, C. B., Holsboer, F., Heim, C. M., Ressler, K. J., Rein, T. y Binder, E. B. (2013), «Allele-specific FKBP5 DNA demethylation mediates gene-childhood trauma interactions», en *Nature Neuroscience*, vol. 16, n.º 1, págs. 33-41.

[9] Heard, E. y Martienssen, R. A. (2014), «Transgenerational epigenetic inheritance: myths and mechanisms», en *Cell*, vol. 157, n.º 1, marzo, págs. 95-109.
[10] Meloni, M. (2014), «The social brain meets the reactive genome: neuroscience, epigenetics and the new social biology», en *Frontiers in Human Neuroscience*, vol. 8, mayo, pág. 309.

Mecanismos, señales y circuitos neutralizadores de adversidades

Dr. José Bonet

En general, los autores que tratan acerca del impacto de las situaciones estresantes sobre los individuos se focalizan, principalmente, en la reacción al estrés: se pone el acento sobre los circuitos que «prenden» o «activan» la respuesta de estrés; se estudian estos mecanismos, hormonas, señales y circuitos cuya función es defendernos de estas situaciones adversas. Pero, cuando esta activación es muy intensa, repetida o por lapsos prolongados, puede producir daños —a veces irreversibles— tanto en el funcionamiento físico como en el mental. Por lo tanto, utilizaré el espacio que se me ha asignado para indagar específicamente acerca de aquellos procesos que, una vez disparada o activada la respuesta de estrés, tratan de protegernos al desactivar o contener la misma y, así, evitar el «sobredisparo», que puede llegar a ser muy deletéreo. Estos procesos —que podemos llamar mecanismos, señales y circuitos neutralizadores— se ponen en funcionamiento cuando ya pasaron las situaciones adversas y son esenciales en el proceso de recuperación o reparación; por lo tanto, son procesos que forman parte de la resiliencia. Esta última es concebida como una capacidad emergente de la combinación de procesos biológicos, cerebrales, psicológicos y vinculares, que permite a los individuos adaptarse y fortalecerse luego de experimentar situaciones adversas traumáticas. Es un proceso activo: no solo consiste en la ausencia de respuestas patológicas o en la presencia de rasgos extraordinarios. De esta forma, podemos advertir la importancia de comprender los procesos psicológicos, cerebrales y biológicos —sin olvidarnos de los vínculos humanos y afectivos— que ayudarán, por un lado, a desarrollar estrategias dirigidas a afrontar mejor la adversidad y, por otro, a atenuar y contener esas estrategias.

Como un breve preludio a esta exposición, he decidido citar unos versos del poeta César Vallejo que, desde el campo de la literatura, nos pondrán en sintonía con estas delicadas cuestiones que la neurociencia moderna pretende iluminar:

> Hay golpes en la vida, tan fuertes... ¡Yo no sé!
> Golpes como del odio de Dios; como si ante ellos,
> la resaca de todo lo sufrido
> se empozara en el alma... ¡Yo no sé!
>
> Son pocos; pero son... Abren zanjas oscuras
> en el rostro más fiero y en el lomo más fuerte.
> Serán tal vez los potros de bárbaros Atilas;
> o los heraldos negros que nos manda la Muerte.

Estas primeras estrofas del poema «Los heraldos negros» ilustran, de manera dramática, los momentos de adversidad, trauma, estrés y sufrimiento, como solo pueden hacerlo el arte y la sensibilidad de un poeta.

Como decíamos, para atravesar estas situaciones, la evolución nos ha provisto de mecanismos, señales y circuitos que nos permiten activar la defensa y optimizar el afrontamiento, pero también de otros que nos ayudan a sobreponernos, restablecer la calma, restañar el equilibrio y contener esa activación que precisamos para enfrentar la desventura. Podemos decir, en suma, que son guardianes de la salud, protectores de la salud mental, neutralizadores de adversidades, promotores del proceso de recuperación y proveedores de cierta inmunidad psicológica (véase la figura 1).

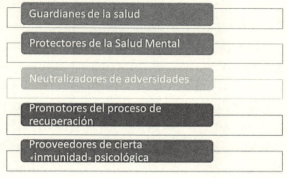

Figura 1.

El objetivo de esta exposición será tratar de identificar cuáles son las señales y los circuitos biológicos y mentales asociados con respuestas de afrontamiento exitosas; por lo tanto, necesarios para conformar una capacidad de resiliencia adecuada. Es decir, aquellos que ayudan a recobrarnos luego de enfrentar a «los heraldos negros» de la vida.

Una idea básica: la *matrix* funcional

Ante todo, propongo que pensemos el funcionamiento humano como una *matrix* (matriz) funcional psiconeuroinmunoendocrinológica a partir de la comunicación estructural, funcional, interactiva y constante entre los sistemas nervioso, endócrino e inmune y el psiquismo. Los sistemas corporales funcionan de una manera interactiva, intermodulada o interregulada, lo que fundamenta la concepción de red de trabajo. De estas interacciones recíprocas surge la respuesta adaptativa: una red funcional al servicio de la adaptación y la supervivencia.

El cerebro es el organizador central, el decodificador principal de los diferentes estímulos sensoriales externos, corporales subjetivos internos y cognitivos. El cerebro recibe la información, la decodifica, la evalúa, la interpreta y envía respuestas motoras, emocionales y conductuales. Esta información va y viene, de una manera bidireccional, por vía nerviosa, hormonal o inmune, lo que constituye los principales sistemas de comunicación del organismo, con llegada a cada órgano del cuerpo.

Los mecanismos, las señales y los circuitos neutralizadores son componentes centrales de esta *matrix* funcional; su participación es esencial para el funcionamiento adecuado de esta red. Dentro de ellos, vamos a incluir y estudiar el cerebro evaluador, ciertos recursos psicológicos y vinculares, los genes y polimorfismos protectores, los factores neurales de neuroplasticidad y crecimiento neural, las hormonas o señales químicas de la resiliencia, el reflejo neural antiinflamatorio y la respuesta de relajación. También vamos a referirnos a unas células inmunes, que se denominan linfocitos T reguladores y tienen un efecto contenedor de la respuesta inmune.

Esto es como un circuito que está en funcionamiento permanente, pero cuando esta *matrix* se obstruye, o alguno de sus circuitos neutralizadores no funciona, la sinapsis se estresa, los circuitos se engranan, el cerebro se atasca, el cuerpo se agota y el sujeto se agobia. Entonces son necesarias las intervenciones externas —terapéuticas—, que intentarán actuar específicamente, según su modalidad, en los diferentes puntos de la red.

Comencemos por uno de los componentes de la red que tiene una función nuclear, consistente en definir qué es peligroso, qué es un desafío o una amenaza, o qué es benigno: el cerebro evaluador.

¿Es peligroso o no?: el cerebro evaluador

En este punto vamos a ocuparnos del proceso que determina que algo sea considerado peligroso, amenazante o benigno para el individuo. Es importante decir que este proceso es el que confiere cierta variabilidad individual a la respuesta de estrés, de tal forma que no todo es estresante para todas las personas. Ya en su momento, Epicteto —filósofo estoico, que nació esclavo y luego fue liberado por la importancia de sus aportes— sostenía en sus enseñanzas : «Las personas no sufren por las cosas del mundo, sino por la visión que tienen de esas cosas». Del mismo modo, Marco Antonio, su alumno, escritor y emperador de Roma, decía: «La felicidad de tu vida depende de la calidad de tus pensamientos». Estas ideas podrían ser consideradas como los antecedentes de lo que luego se llamará «evaluación cognitiva», un proceso psicológico nuclear en la interpretación de los eventos.

La teoría de la evaluación cognitiva data de la década de los sesenta y fue propuesta por los profesores Arnold y Lazarus. Su idea central es que las emociones son provocadas por la evaluación cognitiva de eventos y situaciones; esta evaluación es considerada determinante de la experiencia emocional, ya que influye en la percepción del evento. La premisa básica consiste en que las emociones son respuestas adaptativas que reflejan las apreciaciones de las características del entorno significativas para el bienestar del organismo. Por lo tanto, se puede definir la evaluación como «aquel proceso que tiene lugar de forma continua durante todo el estado de vigilia y determina las consecuencias que un acontecimiento dado provocará en el individuo». Esta evaluación del evento estresante otorga una variabilidad individual acerca de cómo se toman los sucesos, permite una buena capacidad de afrontamiento y enfatiza el efecto protector de una adecuada evaluación cognitiva de los eventos.

Otro aspecto importante en la actualidad es considerar la evaluación cognitiva como un proceso esencialmente transaccional entre el individuo evaluador y el contexto o medio ambiente en el cual se produce el evento. La estimación no se determina simplemente por las características objetivas del estímulo o por las características disposicionales del individuo, sino que parece ser el resultado de una interacción iterativa entre el estado motivacional y fisiológico corporal del individuo. En esta interacción se evalúan no solo las implicaciones de las circunstancias del estímulo, sino también su relación con las necesidades, recursos y habilidades del individuo. O sea, se trata de concebir la evaluación no solo como el proceso propiciado por cambios ambientales o internos, sino como un proceso recursivo dinámico de valoración. Este proceso continúa con otra reevaluación, que es necesaria ante entornos siempre cambiantes, con un flujo de información continuo, y que debe monitorearse para ir corrigiendo evaluaciones previas con el objetivo de disponer de respuestas dúctiles.

En la actualidad, se consideran algunos criterios fundamentales que participan en el proceso de evaluación cognitiva: la novedad, la detección de la relevancia, la congruencia de objetivos, el sentido de agencia, y la compatibilidad con normas y valores, entre otros. Son criterios que intentan complementar la comprensión del proceso de evaluación llevado a cabo por el sujeto.

Desde los inicios se ha discutido acerca de si la evaluación contiene procesos automáticos o deliberados. Si bien el concepto de evaluación cognitiva da la idea de ser un proceso «más controlado», actualmente se dice que no debe obviarse la participación de aspectos «más automáticos» en este proceso. Esta observación surge de investigaciones y estudios llevados a cabo en el proceso de evaluación de animales no humanos.

Teoría de la evaluación es el nombre dado a un grupo de teorías, que considera la evaluación cognitiva de una situación como un proceso complejo que determina la respuesta emocional, conductual y física que se desplegará ante una situación dada por la evaluación o valoración de la misma. Como vemos, esta teoría de la evaluación cognitiva ha ido creciendo más allá de los conceptos de evaluación primaria y secundaria postulados por Arnold y Lazarus.

Si bien inicialmente los fundamentos con respecto a la evaluación cognitiva estaban circunscritos al procesado psicológico de la información, o focalizados en los aspectos y recursos psicológicos, hoy en día podemos contar con evidencias que provienen del campo de la neurociencia. Ya contamos con estudios que nos llegan desde la neurofisiología y las neuroimágenes, que tratan de explicar cuáles son las áreas del cerebro y los circuitos neurales que se activan o modifican durante el proceso de la evaluación cognitiva.

En un grupo de trabajos recientes podemos encontrar evidencias de mecanismos neurofisiológicos cerebrales en el proceso de evaluación de un estímulo que despliega una respuesta emocional. Someramente, los investigadores, mediante una tecnología que asocia información electroencefalográfica con electromiografía facial frente a un estímulo emocional, describen las áreas y los circuitos cerebrales involucrados en un proceso de evaluación. Pueden detectar que, aproximadamente a los 100 milisegundos postestímulo emocional, se activa una evaluación rápida que valora la novedad, la relevancia y el interés que dicho estímulo tiene para el sujeto. En ese momento se activa la corteza sensorial primaria, y enseguida se comunica con la amígdala y la corteza orbitofrontal, lo que permite la iniciación rápida de una respuesta emocional (cambios fisiológicos y tendencias de acción). La amígdala puede entonces orquestar el procesamiento posterior de un estímulo entrante que se valora como relevante, potenciar el procesamiento sensorial y reclutar otras áreas corticales involucradas en el refinamiento de la valoración.

A los 300 milisegundos se activa la corteza prefrontal ventromedial, la corteza cingulada anterior y la corteza sensorial secundaria; esta sería información sensorial cruda, inmediata, desde la corteza sensorial hasta el hipocampo, la amígdala y la corteza orbitofrontal. Posteriormente hay una segunda evaluación que lleva más tiempo y es más refinada; se hace después de la evaluación inicial, que dura entre 400 y 450 milisegundos, y recluta más áreas del cerebro para refinar la información y detectar de ese modo si hay conflictos o no con los objetivos. Esta acción dura entre 340 y 380 milisegundos. En este proceso se agrega también la corteza prefrontal, que compatibiliza normas y valores; luego se agrega información del estado actual del cuerpo, información interoceptiva, que viene del cuerpo, va hacia la ínsula, y desde allí se despliega por todo el cerebro. La participación de la información interoceptiva sería algo así como estar *online* con el estado corporal; es un proceso de naturaleza recursiva, que está siempre activo y en funcionamiento. La evaluación posterior retroalimenta a la amígdala y genera una evaluación continua. Finalmente, tras varias iteraciones y repeticiones evaluativas, el proceso alcanza una estabilidad.

Con otra tecnología, en este caso con neuroimágenes funcionales, otros investigadores aportan información para profundizar en el conocimiento del proceso de evaluación que se genera en el cerebro. Mediante estas resonancias magnéticas, se estudia primero cómo están las redes neurales en sujetos que yacen en reposo, lo más relajados posible y expuestos a la menor cantidad de estímulos, y luego qué es lo que se modifica cuando se presenta un estímulo en las diferentes situaciones del sujeto, por ejemplo, en pacientes con depresión. Durante el proceso evaluativo se activa u opera una *red frontoparietal*, que intervendría en el control cognitivo y en la regulación de la tensión; una *red dorsal anterior*, que evalúa el ambiente externo y sostiene el pensamiento orientado hacia el interior del sujeto; una *red afectiva* y, por último, una *red de atención ventral*; la convergencia de estas redes determinaría el resultado del proceso de evaluación. Por ejemplo, en el paciente depresivo hay una hipoconectividad entre las regiones frontoparietales y la red atencional, y una hiperconectividad con la red que tiene que ver con el pensamiento propio; es decir, está disminuida la atención hacia fuera y muy dirigida a lo que pasa dentro del sujeto. En otras palabras, a través de este procedimiento de monitoreo, que se lleva a cabo observando la actividad de diferentes conexiones entre zonas del cerebro, tratamos de entender el proceso del cerebro evaluador.

En suma, tanto la psicología moderna como las neurociencias concluyen que lograr una evaluación cognitiva adecuada permite desplegar una respuesta ante el estrés conductual, motora y emocional, ajustada y precisa, lo cual brinda un efecto neutralizador al evitar el exceso de incertidumbre y el efecto deletéreo de una sobrerreacción. Las áreas y los circuitos cerebrales involucrados, o sea, el cerebro evaluador, necesitan el funcionamiento armónico e integrado de información proveniente tanto del contexto, del cuerpo, como de los rasgos de la personalidad del sujeto.

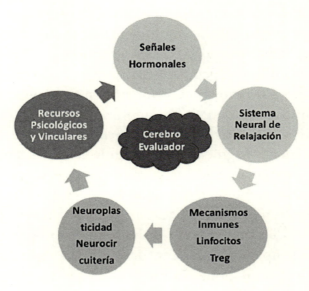

Figura 2.

El efecto neutralizador de un vínculo temprano adecuado

Si bien el efecto del vínculo parental temprano sobre la salud mental de los individuos ya había sido postulado por Freud y otros autores posfreudianos, no se conocían claramente los mecanismos, vías y señales intermedias, a través de los cuales estos efectos tenían lugar; hoy en día contamos con evidencia convincente de que la calidad del ambiente psicosocial influye no solo en la salud psíquica, sino también en la salud física del sujeto ya adulto.

En esos primeros momentos de la vida, existe un efecto materno evidente sobre el cerebro y las conductas de la cría, producto de la relación afectiva entre ambos. Desde hace tiempo, muchos investigadores estudian las vías a través de las cuales esa relación «se mete en el cuerpo» del niño; todo indicaría que existen reguladores, señales y circuitos biológicos que son modificados por la actitud y la conducta parentales.

Hay una gran cantidad de trabajos sobre el tema que se focalizan en lo que ocurre cuando el vínculo temprano no es adecuado y es interferido por situaciones adversas, traumáticas, que generan un ambiente estresante temprano. En esos primeros momentos de la vida existe un estado de plasticidad biológica y de adaptación, que modifica circuitos neurobiológicos y endócrinos tanto cuando el ambiente es adverso como cuando es adecuado.

En este apartado, sin embargo, nos remitiremos a los efectos protectores que produce un vínculo temprano adecuado. A mediados de la década de los cincuenta, Seymour Levine —junto a sus colaboradores— comprobó en una serie de estudios que breves períodos de separación materna durante las tres primeras semanas posnatales indujeron una reducción de los efectos mediados por el estrés en etapas posteriores de la vida; a esto lo llamaron *handling*. Los cuidados maternos tempranos con períodos cortos de separación (15 minutos) parecen producir cambios cualitativos en la cría, al generar una respuesta de estrés y consecuencias conductuales opuestas a lo que ocurre en la deprivación materna prolongada y en la adversidad temprana; el *handling* disminuye la carga emocional y la respuesta al estrés en la vida adulta. El incremento de los estímulos sensoriales mediante un mayor nivel de lamidos y caricias en el neonato induce respuestas fisiológicas más suaves, menor alerta, estrés y miedo. Se atenúa la respuesta del eje hipotálamo-pituitario-adrenal ante eventos estresantes, lo cual se traduce en una actitud que lleva a establecer mayor contacto con otros congéneres, a la búsqueda de novedades, mayor curiosidad y deseos de investigar. En cambio, estas actitudes se observan en menor escala en las crías que no fueron separadas. De alguna manera, la investigación preclínica sugiere que la exposición a situaciones breves o intermitentes de estrés —es decir, esos breves períodos de separación materna— promueve el desarrollo de regulación de la alerta y la resiliencia.

Entonces, tanto el ambiente como la calidad de los vínculos modifican de forma estable el desarrollo de las respuestas neurobiológicas, conductuales y endócrinas al estrés en la descendencia. Pero ¿cuáles son los mecanismos «íntimos» para que se produzcan estas alteraciones? ¿Cómo se «mete bajo la piel» o «se hace carne» el contexto vincular temprano?

Hace unos años, Weaver, Meaney y colaboradores encontraron en roedores una modificación epigenética del gen NR3C1 que era indicativa de un comportamiento diferente en la calidad de la crianza materna. Específicamente, los cachorros de rata criados por madres con mayor nivel de lactancia, lamidos y cuidados exhibieron una hipometilación significativa en un sitio específico de CpG localizado en un sitio de unión NGFI-A, lo que sugirió que estaba involucrado en la modulación de la transcripción del receptor de corticoides en el cerebro. La intensificación del cuidado aumentó la expresión del receptor de glucocorticoides (GR), acompañado, entre otras cosas, de una mayor expresión de un factor de transcripción especial, NGF1-A, que se une al promotor del gen GR para aumentar su transcripción y expresión. El GR en el cerebro es central para la respuesta de estrés: cuando se activa se frena la respuesta de estrés y esto quiere decir que dicha respuesta es adecuada.

Basándose en esta evidencia previa de estudios en animales, durante la última década, un número significativo de autores han centrado su investigación en la modulación epigenética del gen NR3C1 en humanos y su asociación con el estrés temprano, la reactividad al estrés y diferentes condiciones psicopatológicas. Una vez adultos, los hijos de madres que les proveyeron de un alto nivel de cuidados muestran una expresión del GR incrementada en el hipocampo, mejorando la sensibilidad a la retroalimentación glucocorticoidea; a mayor presencia de GR, mayor posibilidad de frenado del sistema de estrés.

Inversamente, el estado de deprivación materna —uno de los «heraldos negros»— es un estresor muy potente, que interfiere con el efecto modulador de la figura y presencia materna, y produce cambios inmediatos en la cría, como la desregulación amplia de respuestas fisiológicas y conductuales. Al parecer, se pierden señales y reguladores neurobiológicos y endócrinos internos generados por los cuidados maternos. La adversidad en edad temprana impacta en la reacción de estrés, a través del debilitamiento de la señal del receptor de corticoides en el cerebro, con lo cual se altera el sistema de «frenado» del eje HPA. Más adelante, esta situación va a tener efectos desadaptativos, generando una vulnerabilidad a enfermedades físicas y mentales.

En resumen, un vínculo parental y un ambiente adecuado nos equipan con recursos psicológicos y neurobiológicos adecuados que nos protegen y pueden neutralizar los efectos nocivos de las experiencias adversas durante la vida, y así, favorecer los procesos de resiliencia.

Polimorfismos protectores, neuroplasticidad y riesgo

El ADN es la molécula en la que reside la información necesaria para fabricar las proteínas que necesitamos para cumplir todas las funciones a lo largo de nuestra vida, desde que nacemos y nos desarrollamos hasta que morimos. El ADN está formado por dos largas cadenas que se enroscan una sobre otra formando la estructura de la doble hélice. A su vez, esta doble hélice se enrosca formando un ovillo, y ese ovillo forma los cromosomas, que se encuentran en el núcleo de las células. En todas las células de nuestro organismo existe la misma información genética. acumulada en los 23 pares de cromosomas. Si tomamos una de esas hebras del ADN, veremos que está formada por nucleótidos o bases, que son pequeñas moléculas orgánicas. Entonces, una cadena de ADN está formada por una sucesión de bases o nucleótidos: adenina, timina, citosina y guanina, que se unen de una forma específica: la adenina con la timina y la citosina con la guanina. Cada tres nucleótidos se tiene la información suficiente para producir un aminoácido. Como sabemos, los aminoácidos son moléculas que serán los ladrillos de las proteínas; una sucesión de nucleótidos, triplete, generará una proteína funcional. ¿Qué sucede si, por alguna razón, se origina un cambio en la secuencia o «los lugares» de los nucleótidos? Se produce una modificación en un triplete, un polimorfismo (también «SNP», *single nucleotide polimorphism*), que resulta del cambio en la posición de un nucleótido por otro, una sustitución. Esto va a producir una proteína más o menos funcional, es decir que no afecta directamente a la actividad real de la proteína y no siempre produce enfermedad como las mutaciones; su presencia le otorga una característica individual, una distinción a cada sujeto, por ejemplo, el color de los ojos, el mayor o menor riesgo a una enfermedad, o la mejor o peor respuesta a los fármacos. Esto constituye la base de la medicina y de la terapéutica personalizada actual, razón por la cual existe una motivación en el estudio de los polimorfismos.

Por lo tanto, un polimorfismo puede generar tanto una vulnerabilidad, aumentando el riesgo de enfermar, como una fortaleza que favorece la resiliencia y el modo de afrontar las situaciones traumáticas o adversas de la vida. Entonces, entre la gran cantidad de polimorfismos estudiados, vamos a tomar tres como ejemplo de cómo pueden favorecer la resiliencia o ser «protectores»: el 5HTTLPR, el BDNF y el FKBP5, que, junto con el NR3C1, reciben el nombre en ocasiones de «genes del estrés».

Es sabido que el sistema de la serotonina (5-HT), entre muchas otras funciones, tiene la de ser un modulador del estado de ánimo, de varios rasgos conductuales, y que las alteraciones en la regulación de este sistema pueden asociarse con trastornos del ánimo, agresividad, impulsividad y suicidio. Hace unos cuantos años, Caspi evaluó un grupo numeroso de personas durante 20 años e identificó un polimorfismo funcional en la región promotora del gen transportador de serotonina (5-HTTLPR). La presencia de uno o dos alelos cortos s/s (*short/short*) se asoció con un incremento del riesgo de depresión, ansiedad, dependencia del alcohol, neuroticismo y otros déficits neurocognitivos; es decir, los individuos portadores del polimorfismo s/s tenían un significativo incremento del riesgo de enfermar. Al mismo tiempo, queda claro que los portadores l/l (*long/long*) presentan mucho menor riesgo, lo que lo convierte en un polimorfismo «protector», que se presenta en individuos más resilientes.

El BDNF (acrónimo que deriva del inglés *brain-derived neurotrophic factor*) está codificado por el gen BDNF y es un factor de «protección» o neurotrófico y promotor de la neuroplasticidad (capacidad del cerebro para adaptarse estructural y funcionalmente ante diferentes estímulos). La liberación del BDNF inhibe los efectos tóxicos del estrés crónico; su déficit, por el contrario, disminuye la capacidad cerebral de afrontar el estrés y otros tóxicos cerebrales. Concretamente, el cortisol y el glutamato en exceso son potentes tóxicos del cerebro; por lo tanto, se necesitan factores protectores, denominados «factores neurotróficos». De todos estos factores de crecimiento neuronal, el más importante es el BDNF. Como sugiere su nombre, este factor es necesario para el desarrollo neuronal, para la neuroplasticidad y para mantener la supervivencia de las neuronas. Cuando el BDNF funciona adecuadamente, es una indicación central de la cascada de señales para el adecuado despliegue de una reacción y el afrontamiento de las situaciones de estrés.

La presencia de un polimorfismo, la sustitución de la valina por metionina en la posición 66 (BDNF Val66Met), en el gen del factor neurotrófico derivado del cerebro, encontrado solo en humanos, altera tanto la regulación de la secreción como el tráfico intracelular del BDNF. Recientemente se ha demostrado que el polimorfismo de sustitución Val66Met del BDNF estaría incrementado en familias con depresión, trastorno bipolar y trastornos de ansiedad. Al parecer, los portadores del alelo Met (metionina) tienen volúmenes hipocámpicos más pequeños y un rendimiento deficiente en las tareas de memoria. La respuesta de los portadores de alelos Met difirió significativamente en todos los protocolos neurocognitivos en comparación con la respuesta de los individuos de Val66Val. Esto ha hecho que algunos investigadores denominen a los que tienen el polimorfismo val/val como resilientes, y a los val/met como vulnerables.

Finalmente, otro polimorfismo muy estudiado es el FKBP5. La proteína 5 de unión FK506, también conocida como FKBP5, está codificada por el gen FKBP5. Se trata de un regulador de la función del receptor de corticoides que actúa modificando su sensibilidad. Forma un circuito o bucle intracelular ultracorto, de retroalimentación negativa, que regula y frena la actividad del receptor de glucocorticoides en el cerebro, que, como sabemos, es el principal mecanismo de frenado de la respuesta de estrés. El incremento de FKBP5 reduce la afinidad y la sensibilidad del receptor, lo que mantiene el eje del estrés activo.

Binder y un extenso grupo de colaboradores han podido observar varios polimorfismos (haplotipos rs1360780, rs9296158, rs3800373 y rs9470080) que interactúan con trauma temprano o abuso infantil para predecir trastorno de estrés postraumático, depresión y suicidio. Este interesante estudio puede mostrar la existencia de un «polimorfismo protector» (FKBP5 C/G rs1360780) y otros alelos «polimorfismos de riesgo» (A/T rs1360780). Es decir, los sujetos portadores de los polimorfismos protectores, enfrentados a situaciones traumáticas infantiles (los «heraldos negros»), son más resilientes: presentan menor riesgo de desarrollar depresión, estrés postraumático y suicidio en la adultez que los portadores de los polimorfismos de riesgo. Los autores concluyen que se ha identificado un mecanismo molecular que media la interacción entre este gen y el medio ambiente a través de una modificación epigenética a largo plazo. Este trabajo también indica o supone una relación directa entre la causa (que sería, en este caso, el estrés temprano, los «heraldos negros») y la consecuencia (definida por la psicopatología en la adultez).

A partir del estudio de estos polimorfismos, observamos la presencia de señales o de reguladores que pueden aumentar o reducir el riesgo; la presencia de los polimorfismos protectores es otro de los mecanismos neutralizadores que debemos tener en cuenta. Básicamente, lo que se ha identificado es un mecanismo molecular de modificaciones epigenéticas que determina la interacción entre un gen particular y el ambiente. Esto equivaldría a decir que el ambiente, a largo plazo y de alguna manera, se hace carne, se mete bajo la piel.

Las hormonas: señales químicas de resiliencia

Las hormonas son señales químicas que dan la orden para que se realice alguna acción biológica por el órgano efector, en general una glándula endócrina. Estas acciones pueden ser activadoras o inhibidoras; también pueden ser señales de neuroadaptación y cambio. En este sentido, desde hace algunos años han surgido publicaciones relacionadas con la hormona dehidroepiandrosterona (DHEA) y su sulfato (S-DHEA), que se considera una señal de resiliencia, ya que ejerce una acción antiglucocorticoidea y contrarresta o balancea los efectos del cortisol.

La producción de DHEA y S-DHEA es regulada por la hormona adrenocorticotrofina (ACTH), la cual se une a sus receptores en las células de la corteza adrenal y estimula la producción de esteroides. Se ha sugerido que la DHEA —junto con la melatonina— desempeña un importante papel al regular la reacción de estrés mediada principalmente por el esteroide cortisol; el estrés crónico aumenta los niveles de cortisol y reduce los de DHEA. No existe duda de que la DHEA se encuentra en el cerebro y es un esteroide neuroactivo.

Los niveles de DHEA y S-DHEA dependen de la edad. Durante el desarrollo fetal, su producción corre a cargo de la corteza adrenal. Esta zona sufre un proceso de regresión luego del nacimiento; por lo tanto, los niveles de DHEA y S-DHEA disminuyen después del nacimiento y permanecen así hasta los seis o siete años (*adrenarca*), edad en la que se desarrolla la zona reticular de la glándula y los niveles comienzan a aumentar progresivamente, hasta alcanzar su pico máximo entre los 20 y los 30 años. Luego, con el aumento de la edad, los niveles comienzan a disminuir. A los 80 años, aproximadamente, solo se detecta un 10 o un 20% de los niveles máximos, aunque se mantienen relativamente estables durante la vida adulta.

Tienen una amplia variedad de efectos benéficos, tales como su actividad antiglucocorticoide, propiedades antioxidativas y propiedades antiinflamatorias, al inhibir la producción de citoquinas IL6 y TNFα. Además, la DHEA modula positivamente la función endotelial, estimulando la producción de óxido nítrico en células endoteliales, lo cual se traduce en efectos beneficiosos para el sistema cardiovascular. También participa en la regeneración tisular del cuerpo. Entre los efectos beneficiosos, se ha comprobado que tienen influencia sobre el humor. Sus niveles se pueden utilizar como marcadores de procesos regenerativos y protectores. Bajos niveles de DHEA y S-DHEA se han asociado con distintos estados de enfermedad, como, por ejemplo, depresión, osteoporosis y artritis reumatoide, enfermedad cardiovascular y otras causas de mortalidad en hombres adultos.

Existe una gran cantidad de estudios acerca de la relación de la DHEA con el estrés en sujetos con entrenamiento militar, sobre todo por su efecto estabilizador del eje HPA (hipotálamo-pituitario-adrenal), principal eje activado por el estrés. Brevemente podemos decir que los sujetos con un nivel más alto de DHEA tenían menos síntomas, menos depresión y menos riesgo de estrés postraumático. El mayor nivel, o una respuesta aumentada de DHEA con respecto a la de cortisol y ACTH, se relaciona negativamente con la gravedad de los síntomas. Inversamente, los sujetos con baja respuesta de DHEA al estrés tendrían una mayor predisposición a la depresión y al estrés postraumático; además, se ha demostrado que altos niveles en la relación DHEA/cortisol pueden prevenirlo.

Más aún, en un trabajo muy reciente se demuestra que la DHEA modula la conectividad de la amígdala en estado de reposo. Al comparar dos grupos de sujetos, uno tratado con placebos y otro al que se le aumentó la DHEA, muestran una gran diferencia en la reactividad amigdalina; al aumentar la concentración de DHEA disminuye la conectividad de la amígdala, por lo cual tiene menor reactividad, se activa menos. Es sabido que la amígdala es lo primero que se activa en la respuesta de estrés, y que luego comienza a conectarse con otras regiones cerebrales que participan en la generación de emociones, como la ínsula. Sumado a esto, nos encontramos con otros trabajos sobre el efecto de la conectividad amigdalina, en los que se ve que los niños maltratados físicamente tienen índices de cortisol muy diferentes a los niños que no han sufrido maltratos. Estos estudios, en los que no vamos a profundizar en esta exposición, asocian de manera interesante personalidad, DHEA y capacidad de resiliencia en chicos maltratados.

En otras palabras, estos resultados iniciales indican que la DHEA es una señal de frenado o «contención» frente a la respuesta de estrés; es una señal protectora, que balancea y restaña. Es una función central para lograr un proceso de resiliencia adecuado; por lo tanto, la DHEA es una hormona especialmente vinculada con la resiliencia.

Sin embargo, la DHEA no es la única. Contamos con otras señales hormonales protectoras, con rol muy activo en la escultura del cerebro y que participan en el proceso de resiliencia. En particular, la prolactina y la oxitocina, que también tienen la función de apagar el sistema del estrés.

Mecanismos inmunes: el reflejo neural antiinflamatorio

El reflejo neural antiinflamatorio es otro de los mecanismos con que contamos para neutralizar la respuesta de estrés frente a las adversidades y los eventos traumáticos. De manera muy sucinta, podemos decir que el sistema nervioso autonómico está constituido por dos ramas fundamentales: la rama simpática, que interviene fundamentalmente en la respuesta de activación, y la rama parasimpática, que hace lo propio con las funciones inhibitorias, que balancea la respuesta y el circuito de la respuesta del estrés. En general, trabajan en tándem, como dos riendas equilibradas, aunque a veces puede perderse ese balance. El sistema nervioso parasimpático es la rama que interviene en la respuesta de relajación y su principal mediador neuroquímico es la acetilcolina. La respuesta de relajación o el sistema de relajación del organismo —que incluye los sistemas de benzodiazepinas, el cannabinoide, el de oxitocina/prolactina y el de melatonina— ha empezado a cobrar interés en los últimos años debido a que es uno de los mecanismos (o de las vías fisiológicas) a través de los cuales ejercen sus efectos benéficos las técnicas mente-cuerpo, tales como el yoga, el mindfulness, la meditación y otras disciplinas, hoy muy difundidas y estudiadas.

Desde los estudios iniciales de Selye, se sabe que la activación de la respuesta de estrés aguda incrementa la actividad del sistema inmune, fundamentalmente la rama innata o proinflamatoria; el sistema inmune, como todo el organismo, se prepara para enfrentar el desafío y el peligro, y estar listo para curar las posibles heridas o daños que pudieran producirse en la situación de emergencia. Esto se puede verificar de manera sencilla porque, en la mayoría de los pacientes con estrés y carga alostática elevada, se encuentran incrementados los marcadores biológicos de inflamación: la proteína C reactiva y las citoquinas proinflamatorias —señales que producen las células inmunes y que indican inflamación—, sobre todo la IL-1, la IL-6 y el TNF&.

Hace poco se describió un circuito compensador: el reflejo neural antiinflamatorio o la vía colinérgica antiinflamatoria, que consiste en un mecanismo neuroinmunológico preciso de control y restricción de la respuesta inflamatoria, a través del freno en la producción de citoquinas proinflamatorias. Se trata de un verdadero circuito de comunicación neuroinmune, que se «prende» para colaborar en la desactivación de la respuesta inflamatoria. Básicamente, el circuito opera de este modo: frente a un incremento de las citoquinas inflamatorias, ya sea por estrés, daño tisular, infección u otras causas, este cambio de estado inmunológico se transmite hacia ciertas zonas del cerebro a través de las vías sensoriales del nervio vago. Este nervio recoge la información sensorial de gran parte del cuerpo y la transporta hacia ciertas zonas del cerebro, que, luego de varias sinapsis, activan el reflejo parasimpático que libera acetilcolina. Las señales neurales aferentes (sensoriales), activadas por el incremento de las citoquinas, «suben», a través del nervio vago, hacia el tronco encefálico, al núcleo del tracto solitario y otras zonas del cerebro. Este interpreta que en alguna parte del organismo existe una inflamación o activación inmune, y, luego de varios contactos polisinápticos, emite una respuesta neural: el reflejo neural antinflamatorio. Entre estas sinapsis que se conectan a los centros de flujo saliente o eferentes del sistema nervioso autónomo parasimpático, en el núcleo ambiguo (NA) y en el núcleo motor dorsal, y «bajan» por las neuronas motoras del vago, se produce la salida de la respuesta parasimpática, que consiste en la liberación de acetilcolina. Esta se liga directamente con un receptor en la superficie subunidad siete del receptor nicotínico de acetilcolina (7nAChR) de los macrófagos, que es donde se producen citoquinas, y es una de las células fundamentales en los procesos inflamatorios. Cuando la acetilcolina se liga a ese receptor, «apaga» o frena el mecanismo que produce inflamación y dolor. Estimular el nervio vago suprime las respuestas inmunitarias innatas y disminuye la liberación de citoquinas proinflamatorias.

Después de la activación del reflejo inflamatorio por la entrada sensorial al tronco encefálico, las señales también se transmiten a los núcleos que controlan la función del eje hipotalámico-hipofisario-adrenal (HPA) o (HHA), que aumenta la liberación de la hormona glucocorticoide por parte de la glándula suprarrenal. Este mecanismo proporciona una conexión importante entre las redes neuronales, que pueden proporcionar señales compensatorias agudas para ajustar las respuestas inmunitarias, y los mecanismos antiinflamatorios humorales, para modular más crónicamente las respuestas inmunitarias innatas y adaptativas.

Hoy contamos con evidencia convincente de que la disfunción del sistema nervioso autónomo está implicada en la etiopatogénesis de las enfermedades llamadas «funcionales»: intestinales, neurales, cardíacas, sexuales, etcétera. El incremento de la actividad vagal contribuye a los efectos beneficiosos de la vía antiinflamatoria colinérgica en los diferentes órganos blanco, inflamados y disfuncionales. Este mecanismo fisiopatológico puede ser clave en la búsqueda de estrategias e intervenciones terapéuticas novedosas en pacientes con diferentes trastornos inflamatorios crónicos y con dolor.

También sabemos que las intervenciones mente-cuerpo reducen la activación del sistema nervioso simpático y aumentan la actividad del sistema nervioso parasimpático. Contamos con evidencias, desde diferentes ensayos clínicos, de que las terapias que aumentan la actividad vagal y parasimpática, como las intervenciones mente-cuerpo mencionadas, muestran efectividad en enfermedades funcionales, como el síndrome del intestino irritable, la hipertensión arterial y otros estados clínicos complejos. En este sentido, muchas asociaciones profesionales y académicas recomiendan a los médicos y otros especialistas del equipo de salud indicar a los pacientes diferentes tipos de intervenciones mente- cuerpo, es decir, que se están popularizando en la práctica clínica.

Otro mecanismo inmune: las células T regulatorias

El sistema inmune cuenta dentro de sí mismo con diferentes sistemas de «frenado» o contención de la respuesta inmunológica, lo que constituye una función clave, porque, si esa respuesta es excesiva, prolongada o desbalanceada, puede ser muy deletérea para el organismo: en lugar de proteger y sanar, daña. Entre esos sistemas o mecanismos se encuentra la acción de unos linfocitos, células centrales del sistema inmune, llamados células o linfocitos T regulatorios o supresores (CD4+CD25+Foxp3+) o Treg. Cuando se activan, regulan diferentes componentes de la respuesta inmune; por ejemplo, la inflamación. Inversamente, cuando estas células funcionan mal o menos, se pierde ese balance y se produce un predominio de las células proinflamatorias. Tienen un importante rol en la inhibición de la respuesta inmune excesiva, y un papel neuroprotector y antiinflamatorio; también median en la inmunotolerancia, función fundamental para suprimir enfermedades autoinmunes, como la diabetes tipo 1. El desarrollo autoinmune puede estar generado no solo por un número inadecuado sino también por la función defectuosa de T regulatorias. Una vez activadas, estas subpoblaciones de células T pueden llegar al cerebro, producir factores neurotróficos locales, aumentar la neurogénesis y disminuir la inflamación, lo que lleva a reducir la patología del sistema nervioso central. La activación de células T regulatorias cerebrales contribuye a reducir la *sickness behaviour* o conducta de enfermedad, estado conductual y emocional asociado a la enfermedad. Por tanto, estos linfocitos tienen un papel en la neuroprotección y en la resiliencia. Estas actividades de las células T también pueden mantener la resiliencia frente a los factores estresantes y la integridad neuronal en la salud y la enfermedad.

Durante el estrés crónico y la depresión se ha podido observar una disminución de las células T regulatorias, tanto en su función como en su concentración, reducción del tráfico, disminución de la capacidad para proliferar y aumento de la apoptosis; e inversamente, están aumentadas las células proinflamatorias. Este predominio o desbalance sobre las T regulatorias también se ha demostrado en enfermedades como la psoriasis, el Alzheimer, la enfermedad coronaria y muchas otras con componente inflamatorio. Como sabemos, la activación excesiva de las vías neuroendócrinas e inflamatorias, que tiene lugar en el estrés crónico y la depresión, podría ser uno de los mecanismos a través de los cuales se produce la disfunción de las células T encontrada en estos estados. Se postula que esta disfunción de las células T puede a su vez contribuir también al desarrollo de enfermedades infecciosas o degenerativas, cáncer y diferentes trastornos psiquiátricos.

Se sabe que el estrés crónico y la depresión tienen efectos negativos sobre la salud en su totalidad, y empeoran o agravan el curso y el pronóstico de diferentes enfermedades. Como ejemplo, diremos que el estrés y la depresión en pacientes infectados con HIV aumentan la probabilidad de agravamiento y muerte; en pacientes con cáncer incrementan la probabilidad de muerte y existen, además, otras evidencias clínicas y epidemiológicas. Se ha indicado que el estrés y la depresión pueden influir negativamente en la salud a través de sus efectos sobre la función de las células T: estos resultados negativos serían la consecuencia de la afectación de dichas células.

Como vemos, estos sistemas contribuyen al restablecimiento de la homeostasis, del equilibrio, una vez activada la respuesta inmune. Es necesario que estén indemnes para lograr una adecuada «resiliencia inmunológica», que es parte de la resiliencia integral del organismo; o sea, formarían parte de nuestros mecanismos protectores o neutralizadores de adversidades.

Conclusión

La mayoría de las personas han atravesado situaciones difíciles, críticas o dolorosas, como lo describe de una forma magnífica el poeta peruano César Vallejo. Estas circunstancias, a veces, pueden torcer, trastocar o detener el desarrollo de una vida. Hay quienes luego emergen más sabios y más fuertes, quienes continúan igual o en peor forma, y también quienes pueden enfermar. Desde hace algunos años se está produciendo un importante cambio de paradigma en la investigación científica, orientado a estudiar los procesos necesarios para lograr una buena o una mala salud. El foco ha estado puesto en determinar el riesgo y la vulnerabilidad para el desarrollo de las enfermedades (personas «vulnerables» o «susceptibles»). En la actualidad, las investigaciones se han complejizado: han comenzado a estudiarse los factores y mecanismos que estimulan a los individuos a mantenerse sanos o recuperarse rápidamente al hacer frente a adversidades durante el curso de la vida: las personas llamadas «resilientes».

Los componentes de la resiliencia pueden ser estudiados en diferentes niveles, desde los más amplios y generales (contexto social y entorno más íntimo, como grupo social, de pares, etcétera), o en niveles más individuales (habilidades psicoemocionales, rasgos de la personalidad, presencia y calidad de vínculos afectivos), hasta los biológicos (estado psicofísico, capacidad plástica de los circuitos del cerebro, estado e indemnidad de las neuronas, etcétera).

Frente a las situaciones adversas es necesario que contemos con mecanismos de reacción que nos preparen para afrontar el desafío, la lucha o el escape, sin lo cual no podríamos sobrevivir. La evolución nos ha dotado del sistema del estrés para protegernos, pero, si esta respuesta es desmedida, deja de protegernos y comienza a dañarnos. Entonces, una vez pasada la batalla o el evento adverso, necesitamos mecanismos que frenen o contengan la respuesta, que permitan restañar las heridas y nos ayuden a enfrentar la nueva realidad.

El material expuesto habla de evidencias de la existencia de mecanismos, señales y circuitos capaces de neutralizar o contener la respuesta ante las adversidades y sus consecuencias: la evaluación cognitiva y el cerebro evaluador. La presencia de vínculos afectivos tempranos apropiados, potentes, seguros y confiables, permitirá el desarrollo de capacidades psicoemocionales adecuadas. Un lugar central lo ocupan los mecanismos de neuroadaptación, que consiguen que el cerebro sea un órgano resiliente mediante polimorfismos protectores y factores neurotróficos favorecedores de la neuroplasticidad. Tanto el cerebro en desarrollo como el del adulto tienen una plasticidad funcional significativa y, por lo tanto, capacidad de resiliencia. Algunas hormonas son también agentes de neuroadaptación y cambio en el cerebro y el cuerpo, como, por ejemplo, los estrógenos y la progesterona, las hormonas tiroideas y otras como la dehidroepiandrosterona, que cumple un papel muy importante en la resiliencia. La respuesta inmune es central en los procesos de defensa, ya sea para detectar cómo eliminar las noxas y los agentes extraños como para reparar los daños, acción central en el proceso de resiliencia. No obstante, esta respuesta tiene que ser precisa y ajustada una vez activada; por lo tanto, contamos con mecanismos neutralizadores, como el reflejo antiinflamatorio y la función de las células inmunes reguladoras.

La resiliencia pareciera ser, entonces, una propiedad emergente del funcionamiento equilibrado, armónico, recíproco y conexo de una *matrix* psiconeuroinmunoendócrina al servicio de la supervivencia y la adaptación. En ciertas oportunidades, como en las experiencias traumáticas y de estrés prolongado, este funcionamiento se altera o se «atasca»; los circuitos cerebrales y las conexiones entre las neuronas se «engranan». En esos momentos se necesitan intervenciones externas que «desatasquen» o «desengranen» el cerebro y otros componentes.

Desde la década de los cincuenta se sabe que la exposición temprana, intermitente, por períodos breves, frente al estrés, inversamente a lo que sucede con el estrés prolongado y constante, promueve el desarrollo de resiliencia, lo cual ha generado una renovada atención hacia los métodos destinados a mejorarla. Existen intervenciones que permiten incrementar la resiliencia y que podemos clasificar en tres tipos:

1) Las intervenciones mente/cuerpo, como la meditación, el mindfulness, el yoga y la actividad física.
2) Las destinadas a modificar la capacidad de respuesta psíquica, como ciertas psicoterapias y programas que promueven interacciones sociales, que generan motivación

y —algo muy importante— la generación de un nuevo propósito y significado en la vida.
3) Finalmente, en otro nivel de intervención, la terapéutica farmacológica, que vuelve a poner en funcionamiento el sistema.

A modo de cierre, me gustaría agregar a esta lista de mecanismos neutralizadores los siempre balsámicos y gratos efectos del arte y la poesía:

> «Memorándum», de Mario Benedetti
> Uno llegar e incorporarse al día.
> Dos respirar para subir la cuesta.
> Tres no jugarse en una sola apuesta.
> Cuatro escapar de la melancolía.
> Cinco aprender la nueva geografía.
> Seis no quedarse nunca sin la siesta.
> Siete el futuro no será una fiesta.
> Y ocho no amilanarse todavía.
> Nueve vaya a saber quién es el fuerte.
> Diez no dejar que la paciencia ceda.
> Once cuidarse de la buena suerte.
> Doce guardar la última moneda.
> Trece no tutearse con la muerte.
> Catorce disfrutar mientras se pueda.

Bibliografía

Andrew, H. y Miller, M. D. (2010), «Depression and Immunity: A Role for T cells?», en *Brain, Behavior, and Immunity*, 24 (1), enero, págs. 1-8.
Bonet, J. (2014), *Cerebro, emociones y estrés*, Random House, Buenos Aires.
— (2013), *PINE. Psiconeuroinmunoendocrinología. Cuerpo, cerebro y emociones*, Random House, Buenos Aires.

Brosch, T. (2013), «The Appraising Brain: Towards a Neuro-Cognitive Model of Appraisal Processes in Emotion», en *Emotion Review*, vol. 5, n.º 2, abril, págs. 163-168.

Caspi, A. et al. (2003), «Influence of life stress on depression: moderation by a polymorphism in the 5-HTT gene», en *Science*, 301 (5631), 18 de julio, págs. 386-389.

Coutinho, E., Scherer, K. et al. (2018), «Evidence of emotion-antecedent appraisal checks in electroencephalography and facial Electromyography», en *Plos One*, enero.

Dantzer, R., Cohen, S. Russo, S. J. & Dinan, T. G. (2018), «Resilience and immunity» en *Brain, behavior and immunity*, no. 74, 1 de noviembre, págs. 28-42.

Dantzer, R., Kelley, Keith W. (2016), «Psychoneuroimmune Phenomena: Neuroimmune Interaction», en *Neuroscience in the 21st century: From basical to clinical*, págs. 643-670, Springer, Nueva York.

Ellsworth, P. (2013), «Appraisal Theory: Old and New Questions», en *Emotion Review*, vol. 5, n.º 2, abril, págs. 125-131.

Feder, A. y cols. (2009), «Psychobiology and molecular genetics of resilience», en *Nature Reviews Neuroscience*, 10 (6), junio, págs. 446-457.

Feinberg, A. (2007), «Phenotypic plasticity and the epigenetics of human disease», en *Nature*, vol. 447, mayo.

Kaiser, R. H., Andrews-Hanna, J. R., Wager, T. y Pizzagalli, D. A. (2015), «Large-Scale Network Dysfunction in Major Depressive Disorder: A Meta-analysis of Resting-State Functional Connectivity», en *JAMA Psychiatry*, 72 (6), junio, págs. 603-611.

Kenna, G., Roder-Hanna, N., Leggio, L., Zywiak, W. y cols. (2012), «Association of the 5-HTT gene-linked promoter region (5-HTTLPR) polymorphism with psychiatric disorders: review of psychopathology and pharmacotherapy», en *Pharmacogenomics and Personalized Medicine*, n.º 5, págs. 19-35.

Klengel, T. et al. (2013), «Allele-specific FKBP5 DNA demethylation mediates gene-childhood trauma interactions», en *Nature Neuroscience*, vol. 16, n.º 1.

Koo, W., Nestler, E. J. et al. (2016), «Essential Role of Mesolimbic Brain-Derived Neurotrophic Factor in Chronic Social Stress-Induced Depressive Behaviors», en *Biological Psychiatry*, 80 (6), 15 de septiembre, págs. 469-478.

Levine, S. (1957), «Infantile Experience and Resistance to Physiological Stress», en *Science*, n.º 30.

Liu Dong y Diorio, J. (1997), «Maternal Care, Hippocampal Glucocorticoid Receptors, and Hypothalamic-Pituitary-Adrenal Responses to Stress», en *Science*, n.º 277, pág. 1659.

Maninger, N. et al. (2009), «Neurobiological and Neuropsychiatric Effects of Dehydroepiandrosterone (DHEA) and DHEA Sulfate (DHEAS)», en *Frontiers in Neuroendocrinology*, 30 (1), enero, págs. 65-91.

McEwen, B. S. (2016), «In pursuit of resilience: stress, epigenetics, and brain plasticity», en *Annals of the New York Academy Sciences*, 1373 (1), junio, págs. 56-64.

— (2015), «Neurobiological and Systemic Effects of Chronic Stress», en *Neurobiology of Stress*, 1.

— (2006), «Protective and damaging effects of stress mediators: central role of the brain», en *Dialogues in Clinical Neuroscience*, 8 (4), págs. 367-381.

— y cols. (2015), «Mechanisms of stress in the brain», en *Nature Neuroscience*, 1 8 (10), octubre, págs. 1353-1363.

McGowan, P., Sasaki, A., D'Alessio, A., Dymov, S., Labonté, B., Szyf, M., Turecki, G. y Meaney, M. J. (2009), «Epigenetic regulation of the glucocorticoid receptor in human brain associates with childhood abuse», en *Nature Neuroscience*, 12 (3), marzo, págs. 342-348.

Nusslock, R. y Miller, G. E. (2016), «Early-Life Adversity and Physical and Emotional Health across the Lifespan: A Neuro-Immune Network Hypothesis», en *Biological Psychiatry*, 80 (1), 1 de julio, págs. 23-32.

Olofsson, P. y Tracey, K. (2012), «Rethinking inflammation: neural circuits in the regulation of immunity», en *Immunological Reviews*, 248 (1), julio, págs. 188-204.

Popoli, M. y McEwen, B. (2011), «The stressed synapse: the impact of stress and glucocorticoids on glutamate transmission», en *Nature Reviews Neuroscience*, 13 (1), págs. 22-37.

Raineki, C., Lucion, A. B. y Weinberg, J. (2014), «Neonatal handling: an overview of the positive and negative effects», en *Developmental Psychobiology*, 56 (8), diciembre, págs. 1613-1625.

Roy, M., Shohamy, D. y Wager, T. D. (2012), «Ventromedial prefrontal-subcortical systems and the generation of affective meaning», en *Trends in Cognitive Sciences*, 16 (3), marzo, págs. 147-156.

Sander, D., Grandjean, D. y Scherer, K. (2018), «Brain Networks, Emotion Components, and Appraised Relevance», en *Emotion Rewiew*, 27 de julio.

Sripada, R. (2014), «The Neurosteroids Allopregnanolone and DHEA Modulate Resting-State Amygdala Connectivity», en *Human Brain Mapping*, 35 (7), julio, págs. 3249-3261.
— et al. (2013), «DHEA Enhances Emotion Regulation Neurocircuits and Modulates Memory for Emotional Stimuli», en *Neuropsychopharmacology*, 38, págs. 1798-1807.
Wang, Q., Shelton, R. y Dwivedi, Y. (2018), «Interaction between early-life stress and FKBP5 gene variants in major depressive disorder and posttraumatic stress disorder: A systematic review and meta-analysis», en *Journal of Affective Disorders*, n.º 225, págs 422-428.
Weaver, I. C., Meaney, M. J., Szyf, M. (2006), «Maternal care effects on the hippocampal transcriptome and anxiety-mediated behaviors in the offspring that are reversible in adulthood», en *PNAS*, vol. 103, n.º 9, 28 de febrero.
Willemze, R., de Jonge, J. (2015), «Neural reflex pathways in intestinal inflammation: hypotheses to viable therapy», en *Nature Reviews Gastroenterology & Hepatology*, n.º 12.
YiLi Bo Xiao y cols. (2010), «Altered expression of CD4+CD25+ regulatory T cells and its 5-HT1a receptor in patients with major depression disorder», en *Journal of Affective Disorders*, vol. 124, págs. 68-75.
Zuiden, M., Haverkort, S. Q. y cols. (2017), «DHEA and DHEA-S levels in posttraumatic stress disorder: A meta-analytic review», en *Psychoneuroendocrinology*, n.º 84, págs. 76-82.

Memorias traumáticas: cómo cambiar el relato de una vida

Dr. Boris Cyrulnik

En esta ocasión, propongo una serie de reflexiones sobre la memoria traumática, una memoria que difiere notablemente de lo que puede considerarse una memoria sana. En la memoria sana, la memoria es forzosamente evolutiva. La memoria procedural, por ejemplo, es la memoria del cuerpo que interviene en el aprendizaje de determinadas acciones ligadas a la motricidad, tales como aprender a andar en bicicleta. En este caso, nuestro cuerpo adquiere la memoria del equilibrio y por eso sabemos andar en bicicleta.

La memoria episódica es una memoria de imágenes que cumple una función similar a un cinematógrafo y que entra en acción cuando uno piensa en su propia historia, en su propia biografía. La memoria semántica, por otro lado, es una memoria verbal, es la memoria que nos hace saber que fuimos siempre buenos en matemáticas y malos en filosofía, y que no puede poner una imagen sobre los saberes. Esta memoria sana es forzosamente evolutiva porque con cada nueva experiencia se agrega otra nueva fuente de memoria a la que existía con anterioridad. Por ejemplo, cuantos más amigos conozco, más manifestaciones interesantes encuentro en ellos; cuanto más viajo o cuanto más leo, más cambios se producen en mi memoria. Así como la memoria sana es evolutiva, la memoria traumática, por el contrario, es completamente fija, es decir, no puede evolucionar, no puede adaptarse más a la vida del entorno que nos rodea, es prisionera del pasado. Se piensa solamente en algo en particular, se piensa exclusivamente en el horror que se vivió y no se puede hacer evolucionar esa memoria. Todo lo que se percibe durante el día evoca aquella desgracia pasada, tengo *flashbacks*, tengo el retorno de aquello que me sucedió, de aquel horror vivido, y ya no puedo hablar, no puedo amar ni trabajar. La persona se sumerge en la prisión del infortunio que tuvo que vivir; está en la prisión del pasado, a diferencia de la memoria sana, que es evolutiva.

Entonces, para tratar de reforzar esta idea que acabo de presentar, citaré al psicólogo Denis Offer, quien llevó a cabo el siguiente trabajo: interrogó a 77 adolescentes de un promedio de 14 años y les hizo una gran cantidad de preguntas, 50 aproximadamente. Luego guardó las respuestas y 34 años más tarde trató de encontrar nuevamente a estos ex adolescentes. Pudo encontrar a 67 de los 77 iniciales y les hizo exactamente las mismas preguntas, cuyas respuestas había guardado durante todos esos años. Como es de esperar, estos ex adolescentes habían olvidado completamente las respuestas que habían dado 34 años atrás. Offer tenía esas 50 respuestas escritas, tres de las cuales yo separé para compartir en esta ponencia.

Primera pregunta: «¿Se aburren en la escuela?». A los 14 años, el 28% respondió: «Me aburro mucho en la escuela». A los 48 años, el 58% respondió: «Me aburrí mucho en la escuela». Es decir, la memoria de la representación del pasado ha evolucionado, ya no es la misma.

Segunda pregunta: «¿Es usted popular en la escuela?». A los 14 años, el 25% respondió: «Sí, tengo amigos, bastantes». (Recordemos en este punto que en la teoría del apego se les pregunta a los chicos cuántos amigos pueden nombrar. Si un niño de seis años nombra entre cuatro y ocho amigos, está socializándose correctamente. Si, por el contrario, no puede dar nombres, ese niño está teniendo dificultades para socializarse). A los 14 años, el 25% respondió: «Soy popular en la escuela». A los 48 años, el 53% dijo: «Yo era muy popular en la escuela, tenía muchos amigos, las mujeres se volvían locas por mí, estaban todas enamoradas de mí». Hay aquí una transformación de la representación del pasado.

Última pregunta: era una época en la que los profesores en Inglaterra tenían derecho a maltratar a los niños. La pregunta para los adolescentes de 14 años era: «¿Se sintió usted humillado por el hecho de ser golpeado en público?». El 82% respondió: «Me sentí muy humillado por ser golpeado delante de todos, sobre todo porque al varón se le hacían bajar los calzoncillos y se le daban golpes fuertes en las nalgas con una fusta». Sin embargo, a los 48 años, solamente el 30% dijo: «Me sentía un poco humillado por ser golpeado delante de todos, pero en la vida he vivido y he sido testigo de otras situaciones y, finalmente, no era tan grave».

En Francia se golpeaba menos a los niños que en Inglaterra, pero cuando yo era chico los profesores de matemáticas inspiraban el terror en todos los niños. No haber comprendido enteramente el teorema de Pitágoras era suficiente para que nos hicieran juntar los dedos de la mano y recibir un reglazo sobre las yemas. Dolía, y así comprendíamos el teorema de Pitágoras (risas en la sala).

Junto a Michel Delage, en la Universidad de Toulon, hicimos una experiencia interesante: tomamos dos pilas de fotos, una de horror y otra con las fotos más lindas que teníamos. Luego reunimos a dos poblaciones. Al primer grupo le mostramos las fotos sin decir una palabra; al segundo grupo le mostramos las mismas fotos, pero con la diferencia de que aquí podíamos comentar cada una de las fotos exhibidas. Un mes después, se le preguntó a la población que no había tenido la posibilidad de hablar si se acordaban de aquellas fotos de horror: «Sí, sí, me acuerdo, había una señora cuyo rostro estaba completamente lacerado, los ojos reventados, la boca y la nariz aplastadas». Luego preguntamos si recordaban alguna fotografía linda. Respondieron: «No sé, no me acuerdo, posiblemente, una amapola, no me acuerdo muy bien». A la segunda población, a la cual se le habían comentado las fotos, se le hizo la misma pregunta: «Sí, sí, me acuerdo, era una señora con un corte superficial. Pero si se lo limpiaba bien no era grave, la cicatriz era pequeña», respondían. Luego se les preguntó si había entre aquellas fotografías alguna linda: «Claro, me acuerdo, había muy lindas fotos, me acuerdo de una foto donde había un campo lleno de amapolas rojas, extremadamente hermoso». Es decir, el hecho de haber hablado de las fotos de horror y de las lindas agregó otra fuente de memoria y modificó la memoria del pasado. Sucede que la memoria no es el retorno del pasado, es la representación de ese pasado; es un trabajo, una acción intencional que nos permite ir a buscar en nuestro pasado las imágenes y palabras que vamos a dirigirle a alguien para hacer un relato. Estamos siempre en la anticipación, anticipación del futuro: «Yo voy a contarle eso que me pasó». Esto es lógico, pero también la anticipación del pasado: «Yo voy a buscar en mi pasado las imágenes y las palabras con las que voy a hacer un relato para dirigirme a usted», lo cual explica la posibilidad de la psicoterapia.

En el síndrome postraumático, por ejemplo, la psicoterapia se hace muy difícil. Se trata siempre de una misma imagen, del mismo horror, de las mismas palabras que reaparecen. Al relatar una experiencia a alguien estamos siempre ante la anticipación del futuro. Vamos a contar lo que nos pasó, es lógico, pero también estamos anticipando el pasado, porque para tejer la trama de ese relato deberemos buscar en nuestro pasado las imágenes y las palabras que utilizaremos. En ese momento del relato, tenemos la posibilidad de reelaborar la desgracia vivida; no podremos modificar la desgracia. La desgracia, el golpe en lo real, lo hemos vivido, pero sí podemos modificar la representación del golpe que hemos recibido en lo real. Esto muestra que nosotros, en tanto que seres humanos, podemos sufrir dos veces: una primera vez por el golpe que hemos recibido en lo real y otra mediante la representación del golpe que hemos recibido en lo real: ¿por qué me han agredido?, ¿por qué yo reaccioné así?, ¿por qué nadie me ayudó?, ¿por qué la precariedad social es una injusticia que me hace sufrir? El modelo animal es pertinente; sin embargo, ellos sufren una sola vez, sufren el golpe que reciben según el desarrollo biológico. Aquí es importante tener en cuenta que todo desarrollo se hace bajo las presiones del entorno. Nosotros, los seres humanos, por lo tanto, sufrimos más que los animales.

Vamos a volver un poco sobre un tema conversado en una conferencia anterior: cómo la memoria de un niño se esculpe bajo las presiones y las relaciones del entorno. Todo mamífero, sobre todo el bebé humano, se desarrolla dentro de un nicho afectivo que está constituido en primer lugar por el cuerpo de la madre. En este sentido, la madre aparece aquí como una imagen tranquilizadora primordial, como una imagen segura. Y como son ellas las que llevan dentro al niño, son ellas las que marcan la huella desde el útero, en el psiquismo y en el desarrollo del niño, pero no en su historia. Son ellas las que marcan el desarrollo neurobiológico del niño, que va a degustar un mundo diferente en función de cómo su madre fue protegida por el entorno, por su marido, por la cultura. En este caso, el bebé va a vivir en un pequeño paraíso que se llama el útero, el mundo acuático del útero. Pero, por el contrario, si la madre está estresada por su historia, por su marido, por la precariedad social, por la guerra o por cualquier otra razón, el bebé va a recibir una parte del estrés materno.

En Toulon hemos demostrado cómo influye, en las últimas semanas del embarazo, la baja frecuencia de la voz materna. Las altas frecuencias son filtradas por el cuerpo de la madre; las bajas frecuencias, por el contrario, son muy bien transmitidas por el cuerpo y sobre todo por el líquido amniótico de la madre. Por eso, los bebés no oyen por los oídos; oyen por vibración gracias a un tejido conjuntivo que existe en los oídos. Nuestros bebés, en el paraíso uterino de mamá, oyen la vibración como cuando se pone un diapasón sobre la frente; oyen sobre el hueso frontal y, fundamentalmente, sobre la mandíbula. Esto explica por qué cuando la madre habla acaricia la boca y las manos del bebé que lleva consigo, lo que explica, a su vez, por qué cuando el bebé llega al mundo reconoce, a lo largo de la primera hora, la voz de su madre. El bebé gira la vista y la cabeza porque oye la voz de su madre, a la que identifica como un lugar seguro y protector.

En cuanto llega al mundo, el niño es apartado de su hábitat de confort y colocado de repente en un lugar nuevo, con luces, sonidos fuertes y otra temperatura. Ha estado nueve meses alojado y alimentado a 37 grados. Al nacer siente frío, tiene miedo, pero, en medio de ese entorno novedoso y tal vez hostil, hay una buena noticia: reconoce la baja frecuencia de la voz de la madre, en la que el niño encuentra protección y familiaridad. De ahí la importancia de hablarle al bebé, ya que la palabra es primitivamente una caricia sensorial. El contenido vendrá más tarde.

Es importante hablarle al bebé; lo que le interesa al bebé es esa caricia sensorial. Por eso insisto en la importancia del entorno que rodea y estructura a ese nicho sensorial: la historia de la madre, el marido, la cultura, etcétera. Encuentro muy válida aquella frase que afirma que, cuando hay una desgracia, no es la madre la que transmite el trauma; es el dolor de la madre el que lo transmite.

Citaré ahora una situación experimental que se ha llevado a cabo en Boston. En dicho experimento se le pide a una madre que asista con su bebé al laboratorio. Se le pide que interactúe con normalidad con su hijo de cuatro meses hasta que, en determinado momento, vamos a golpear la puerta: será una señal preestablecida para que la mamá deje de moverse, de gesticular, de hacer sonido alguno. Lo que se observa en un primer momento es una sincronía mimogestual. Tan pronto como la madre muestra un rostro inerte, inmóvil, está empobreciendo el nicho sensorial que rodea al bebé, y este tiene rápidamente un comportamiento de rechazo. En la vida real, ese rostro inmóvil puede ser reemplazado por la desgracia, por un entorno violento, por la pobreza, por la guerra, etcétera. En esta prueba de laboratorio, tan pronto como la madre deja de gesticular, el niño se vuelca hacia atrás. Esto es algo que hacen todos los bebés en cuanto la madre no gesticula más. El nicho sensorial, el mundo del bebé, está completamente apagado y su cerebro no está estimulado. Si la privación de interacción continúa por más tiempo, luego del rechazo el bebé se autoagrede, tal como se ha mostrado en todas las observaciones de etología animal. Cuando un mamífero pequeño está privado de alteridad, toda información se convierte en agresión y el pequeño se autoagrede porque no hay un otro, no hay alteridad como causa de la situación accidental o experimental. Después, en cuanto el bebé comienza a llorar, la mamá instintivamente abandona la experimentación, comienza nuevamente a hablar, a hacer gestos y, en ese mismo momento, hay una reactivación del vínculo afectivo. Las pequeñas separaciones, los pequeños quiebres afectivos, permiten la adquisición de un factor de protección.

Como hemos visto en estas situaciones experimentales, si la madre no está allí, es una catástrofe, el cerebro se apaga. Por otro lado, si la madre está todo el tiempo presente, se observa un empobrecimiento del nicho sensorial. Es, por lo tanto, necesario que la madre (o el sustituto educativo, el padre o alguien que provea seguridad al bebé durante la primera infancia), que es la base de seguridad, esté allí y se aleje de vez en cuando, que genere pequeñas rupturas de manera que provoque la activación del vínculo afectivo, del apego. De este modo, el niño adquiere de a poco la confianza en sí mismo y, más tarde, en caso de desgracia, tendrá las herramientas necesarias para afrontar el alejamiento. Mediante estas pequeñas rupturas del vínculo, estos vaivenes afectivos —la madre tiene sus actividades, se aleja y vuelve—, el niño adquiere un factor de protección que, en caso de desgracia, le permitirá afrontar mejor tal situación. Por otro lado, este factor de protección (que luego del infortunio podrá transformarse en factor de resiliencia, o sea, en la posibilidad de retomar un nuevo desarrollo) fue adquirido antes de la situación adversa y, paralelamente, es un factor que permitirá comprender las desigualdades de los traumas y por qué algunas personas se hacen trizas ante determinado trauma mientras que otras afrontan la misma situación dolorosa sin daño aparente.

En lo que respecta a la etapa temprana del individuo, podemos tomar la investigación de Radtchenko, quien trabaja en La Pitié-Salpêtrière. Sabemos que durante los primeros años de desarrollo, durante la sinaptogénesis, un niño genera entre 200 y 250.000 sinapsis neuronales. Existen períodos sensibles que dependen de la cronobiología, es decir, de un determinante cronogenético. Son momentos en los que el organismo secreta particularmente un neurotransmisor, la acetilcolina, y hay otros momentos en los que la secreción de esa sustancia disminuye. Esto explica que todos nuestros niños puedan aprender toda la lengua materna del vigésimo al trigésimo mes, ya que en este período se produce un pico en la síntesis de acetilcolina y el niño puede aprender todo, sin profesor, sin libros, en un período de diez meses. En esa etapa pasa de tres o cuatro palabras a varias centenas de palabras. Es decir, la lengua materna puede ser aprendida en diez meses, sin escuela, incluso con su acento, en parte gracias a la memoria procedural, que es la memoria del cuerpo. Y este desempeño intelectual no podrá ser igualado nunca más a lo largo de nuestra vida; incluso los bilingües, que tienen la suerte de aprender dos lenguas al mismo tiempo, tienen un pequeño retraso del lenguaje, pero es un regalo de la vida ser bilingüe y poder hablar dos lenguas.

Radtchenko (2003) nos muestra que, en un adolescente, al cabo de tres semanas de aislamiento sensorial, comienza a aparecer una alteración del lóbulo prefrontal y, sobre todo, se ve una atrofia del hipocampo, del córtex temporal, del córtex prefrontal y del cerebelo. Es decir, cuando la corteza prefrontal está atrofiada, no se puede anticipar porque el lóbulo prefrontal funciona como un zócalo neurológico que permite la representación del tiempo y la anticipación. Esta afirmación queda respaldada por los experimentos de un científico premio Nobel, Egas Moniz, quien, por medio de la lobotomía y cortando de una manera lacerante las fibras prefrontales, suprimía el sentimiento de angustia. Esto puede explicarse en parte porque, al no haber más representaciones del tiempo y del espacio, no se teme más al futuro. «Voy a reprobar el examen», imposible; «ella me va a dejar», imposible; «voy a morir», imposible. En estos casos, al no poder representarnos el transcurso del tiempo, de alguna manera estamos anulando la angustia. Por lo tanto, el tratamiento para la angustia es la lobotomía (risas en la sala).

Antes de las normativas viales que hoy en día imponen un límite de velocidad, cada año se producían en Francia cerca de 3000 lobotomías causadas por accidentes automovilísticos. Estas lobotomías hacían que la gente viviera, pero solo con una percepción del presente, ya que esa gente no podía contar ni bucear en su pasado para buscar elementos que le permitiesen relatar; tampoco podían anticipar el futuro y, por ende, no sentían angustia; sobre todo, los síndromes postraumáticos estaban inmersos en el presente.

En general, los síndromes postraumáticos están sometidos al pasado. No obstante, nosotros, que tenemos una memoria normal, a veces estamos sometidos a nuestro futuro y, por eso, la angustia forma parte de la condición humana, porque somos capaces de representaciones casi imposibles de percibir; somos seres angustiados, tenemos toda nuestra cuota de angustia.

Por otro lado, y como hemos expuesto anteriormente, tenemos la base de seguridad que constituye haber habitado el cuerpo de una mujer. Normalmente, cuando el bebé es prematuro, tiene un retraso y eso genera un trauma; sin embargo, la sinaptización es muy rápida si se dispone alrededor del prematuro otro nicho sensorial, como, por ejemplo, una incubadora. Del mismo modo, en los brazos de la madre, o en los de alguien que sirva de sustituto afectivo, el bebé prematuro, que tendrá un pequeño retraso, se recuperará gradualmente de esa condición: es una ley general para todo el desarrollo.

María Villalobos, con quien trabajé en Cali (Colombia), trabajó con los indígenas del altiplano, que no tienen dinero para comprar incubadoras. En el caso de los prematuros, son los padres o las madres quienes juegan el rol de incubadoras: el bebé es atado sobre el cuerpo de la madre y, cuando la madre está cansada, lo colocan sobre el cuerpo del padre. María Villalobos asegura que los resultados son exactamente los mismos que brindan nuestras incubadoras de vanguardia. Vemos aquí que, paralelamente al avance de la ciencia, se descubren también mecanismos naturales muy anteriores a la evolución de la tecnología.

Hace un momento les decía que los bebés, independientemente de su cultura madre, comienzan a hablar en el vigésimo mes y que ya para el trigésimo mes saben hablar su lengua materna. Este es un esquema que habría que cambiar, porque las observaciones que realizamos en Toulon revelaron que las niñas ya habían adquirido unas 50 palabras hacia el decimoséptimo mes, incluyendo reglas gramaticales y una doble articulación. Este mismo desempeño intelectual es alcanzado por los varones a la edad del vigésimo segundo mes. Esta diferencia en el tiempo de desarrollo probablemente se deba a un determinante genético o afectivo, tema que habrá que investigar aún.

Pasemos ahora a la memoria traumática. Imaginemos que estoy en medio de un asalto: soy asaltado por alguien que quiere mi dinero y me amenaza con un revólver. Estoy fascinado por el revólver porque mi supervivencia depende de esa fascinación. Miro al revólver, miro al atacante para ver si jalará el gatillo, estoy superatento, hipnotizado, fascinado porque voy a morir; ante la más mínima palabra o mímica que pueda provocarlo, él va a apoyar el dedo en el gatillo y yo voy a morir. Tengo entonces una *hipermemoria* del centro de la imagen de la agresión, y tengo una *hipomemoria* de lo que rodea a la agresión. Es decir, tengo una memoria dividida, cortada en dos, y, según la manera en que se planteen las preguntas acerca del episodio, se podrá concluir que el traumatizado tiene una memoria excepcional si las preguntas se hicieron sobre el centro del trauma. O bien ustedes pueden concluir que el traumatizado tiene una mala memoria si preguntan quién estaba a su alrededor o qué había alrededor. A propósito de las neuroimágenes, recuerdo un estudio puntual que se realizó sobre una serie de imágenes a partir de una explosión en una fábrica de Toulouse en la que los obreros no resultaron heridos físicamente. Sin embargo, la explosión fue tan brutal que, debido al gran incendio y a las espesas columnas de humo en el cielo, muchos obreros quedaron completamente aturdidos. Ante las características particulares de la situación, los médicos de urgencia y los bomberos pensaron que era necesario descartar un origen neurológico. Esto no está mal; un médico de urgencias debe descartar un origen de esta naturaleza. Por lo tanto, 27 obreros se sometieron a un estudio de neuroimágenes para ver si había hematoma o heridas. El cerebro estaba intacto, no había lesiones cerebrales, pero tampoco había funcionamiento cerebral. Las napas de las neuronas pasan del rojo al amarillo según el consumo de glucosa. Por ejemplo, cuando hablamos, lo podemos observar en el lóbulo temporal izquierdo: si se decide hacer una acción, son los dos lóbulos prefrontales los que van a consumir la energía; si se evoca una imagen, es una acción que sucede en el lóbulo occipital. Sin embargo, en esa ocasión, el cerebro estaba gris: ya no procesaba las informaciones. Mientras que anatómicamente estaba sano, funcionalmente no presentaba ningún tipo de actividad, quedaba estéril a tal punto que se podía afirmar que la emoción había cortado el funcionamiento del cerebro.

Se observa entonces que el cerebro, para funcionar nuevamente, necesita del sostén de seguridad. Aquí ya no nos referimos más al factor de protección, sino que estamos hablando del factor de resiliencia. Aunque no pueda volver a hablar, «no comprendo lo que pasó, estoy aturdido por la enormidad del trauma, probablemente no sepa si morí o si estoy vivo»; a menudo he oído, luego de un atentado, a hombres y mujeres preguntarme: «¿Estoy vivo?». Eran ellos los que preguntaban; necesitaban saber qué había ocurrido. Ellos preguntaban y era yo, que no estuve en el corazón del atentado, el que debía responderles, darles seguridad, protegerlos. En este caso, estamos en el universo de la resiliencia, donde hay que sostener, apuntalar al herido poco a poco. En estos casos vemos que el cerebro comienza nuevamente a funcionar, observamos cómo las napas de las neuronas pasan del rojo al azul, pasan a extenderse, a circular en ese momento, una vez que se siente seguro, que se puede efectuar nuevamente el trabajo de la palabra, lo que contribuye a desarrollar algunas zonas cerebrales, dado que la palabra es un entrenamiento para el cerebro.

Antes hice referencia al tema de los pequeños transportadores de serotonina, que fueron analizados por Caspi y su equipo, y al neuropéptido Y griega, analizado también por Charney y otros. Caspi nos posiciona, por lo tanto, ante un factor de protección de origen probablemente genético. Entre la población existe un alto porcentaje de personas, alrededor de un 15%, que son hiperemotivas porque, genéticamente, tienen una alteración en el transportador que lleva la serotonina de una neurona a otra a través del proceso que conocemos como sinapsis. Estas personas son muy emotivas: ¿es esto una enfermedad o sencillamente un temperamento? Mi respuesta es que todo depende del contexto. Ese 15% estadístico, que se observa en todos los mamíferos, probablemente llore ante determinados estímulos sensitivos; ese fenómeno, a todas luces maravilloso, no es una enfermedad, es un temperamento sensible que se observa cuando el medio es estable.

Estas personas van a llevar una vida equilibrada sin dejar de ser hiperemotivas: si van al cine, van a llorar; si van a la ópera, van a llorar, etcétera. Como hemos dicho, es una cuestión de temperamento. Pero en el caso del trauma van a quedar muy heridos, y aquí aparece un factor de vulnerabilidad. No obstante, como estas personas son muy atentas con los otros, también serán fáciles de ayudar; se las podrá ayudar a desencadenar un proceso de resiliencia porque, al tenderles la mano, van a tomarla inmediatamente; se les va a dar la palabra, y también van a tomarla. Estas personas, por lo tanto, desencadenan un proceso de resiliencia muy eficaz.

Vamos a pasar ahora a un trabajo que se focaliza en las consecuencias que provoca un momento de depresión o un momento de aislamiento sensorial. El aislamiento sensorial de un bebé o de un niño se observa en las neuronas prefrontales que no son muy estimuladas; allí podemos ver una pseudoatrofia en el volumen del área prefrontal. Al principio se hablaba de una atrofia irreversible, pero yo no estoy tan de acuerdo con esa afirmación. Se tenía entonces la impresión de un vacío entre el hueso frontal y el parénquima de la corteza; una zona negra a la que se identificaba con la atrofia, dado que allí las neuronas prefrontales no estaban estimuladas. Ante esta situación, basta con proponer al bebé, al niño o al adolescente un nicho afectivo que los respalde, que les dé seguridad, un nicho en donde se les hable y se los proteja para que las neuronas prefrontales comiencen a estimularse y para que aquello que calificaron como atrofia desaparezca rápidamente.

Con respecto a los bebés abandonados, hicimos un interesante trabajo en Toulon. En Francia, la madre tiene el derecho de abandonar a su bebé, y ciertos bebés son dejados completamente solos durante algunos días hasta que alguien se proponga para la adopción. Con nuestro equipo, hicimos electroencefalogramas a aquellos bebés afectados de alguna manera por el drama de la madre. Observamos que, puestos en aislamiento sensorial, todos estos niños tenían un adelanto de la fase del sueño rápido, fenómeno que en el adulto se llama sueño paradojal. El bebé, no obstante, es menos estructurado y este fenómeno se va poniendo en funcionamiento progresivamente de acuerdo con la edad. Cuando hay un adelanto de la fase del sueño rápido o del sueño paradojal, tanto en el bebé como en los adultos que fueron aislados, se observa que el estadio tres de las ondas lentas que precede a este tipo de sueño paradojal prácticamente no existe más (esto se observa en todos los mamíferos; yo trabajo con una veterinaria que muestra que con los perros aislados ocurre lo mismo). El estadio tres estimula la base del cerebro, estimula las hormonas de crecimiento. Cuando se dosan esas hormonas de crecimiento en los niños en aislamiento afectivo, esas hormonas comienzan a desaparecer. Esto explica lo que los pediatras ingleses habían constatado después de la segunda guerra mundial y que llamaron «enanismo afectivo». Cuando los niños cuyos padres habían muerto bajo los bombardeos de Londres fueron recogidos por Spitz y Anna Freud, pudo constatarse que retomaban un desarrollo del crecimiento. Los que habían sido privados de afecto por la guerra, debido a la muerte de los padres, tenían una altura y un peso 50% inferiores al promedio mundial de la población general y, además, un claro retraso del lenguaje. Si bien estas pruebas fueron realizadas en 1946 por Spitz y Anna Freud, hoy sabemos más sobre el tema y aquellos estudios de contexto clínico ya pueden ser demostrados biológica y químicamente. Vemos que ese lóbulo prefrontal no puede anticipar por esa pseudoatrofia. Por otro lado, ahora también sabemos que en aquellos sujetos de estudio el hipocampo disminuyó en tamaño, y esto sí constituye una verdadera atrofia.

El estrés es necesario en la vida, sin estrés la vida es sombría; por eso vemos al adolescente correr riesgos voluntariamente, no siempre bien calculados, porque esto le crea una sensación de existencia. No hay cosa más angustiante que la ausencia de estrés; nada es más estresante que la ausencia de estrés. En todo el mundo existe ese deporte que consiste en sujetar el cuerpo a una soga elástica para luego saltar desde un puente alto. He tenido la ocasión de hablar con algunos jóvenes que lo han practicado y todos me han dicho que en momentos previos al salto tenían un miedo espantoso, pero que después de lanzarse experimentaban una euforia que les duraba una semana. Sucede que cuando el cortisol sobrepasa un cierto nivel (y sabemos que hay células límbicas sensibles a la secreción de cortisol), esta hormona cruza la barrera hematomeníngea, entra en el líquido cefalorraquídeo y las células rinocefálicas se hinchan, los canales ionosfóricos se dilatan y hay una inversión del sodio y el potasio; es decir, hay una hiperosmolaridad que hace que la célula explote. En estos casos, por lo tanto, también hay una verdadera atrofia que no admite ninguna resiliencia posible. La resiliencia solo será posible alrededor de las zonas atrofiadas y, de alguna manera, será útil para desencadenar una nueva sinaptización prefrontal; de otra manera, la resiliencia es difícil de llevar a cabo. Esta es otra zona cerebral ajena a la del circuito límbico que será llevada a suplantar la deficiencia de los circuitos de las neuronas límbicas que han muerto y donde no hay resiliencia posible.

Otro aspecto importante por considerar es que una de las funciones del lóbulo prefrontal es la de frenar la amígdala rinocefálica. La amígdala rinocefálica es el zócalo neurológico de emociones insoportables, como el terror, la angustia y la melancolía. Normalmente esas emociones insoportables son frenadas por el lóbulo prefrontal si funciona bien, por la acción de la palabra si hay alguien a nuestro alrededor con quien podamos hablar, y en ese caso la palabra tendrá un efecto tranquilizador en el sentido químico del término.

Por otro lado, la amígdala reacciona ante la más mínima información con una intensidad extrema para esos niños o para esos adultos, lo que quiere decir que toda información será interpretada como una agresión. Entonces, no se pueden hacer razonamientos de causalidad lineal y hay que entrenarse en el razonamiento sistémico. Es decir, si un niño tuvo una base de seguridad en su infancia precoz, una información será un estrés y una tentativa de exploración. Si otro niño fue aislado en el transcurso de sus primeros meses de vida, sufre una alteración cerebral o, como lo demuestran los trabajos realizados por un neurólogo israelí de Tel Aviv, las madres que han sido traumatizadas por su marido o por la guerra dan a luz a niños que ya tienen una alteración frontolímbica. Esto no es culpa de las madres, es culpa de la guerra crónica y aguda que existe en esos países y que determina que los niños lleguen al mundo con una disfunción cerebral. Esta dificultad, a su vez, hace que para esos niños la misma información recibida sea experimentada como una inmensa agresión. En este caso no es posible hablar de causalidad lineal y, tal vez, deberíamos remitirnos a Spinoza para entender mejor cómo el cuerpo y el espíritu funcionan en interacción constante, salvo que tenemos grados de libertad, podemos actuar sobre el medio que actúa sobre nuestro cerebro, que actúa sobre nuestras emociones. Es así que nosotros, los seres humanos, tenemos un grado de libertad y un grado de responsabilidad.

Me gustaría también enfatizar el trabajo de David Cohen, profesor en La Pitié-Salpêtrière (París), quien habla de vulnerabilidad neuroemocional adquirida. Según Cohen, este tipo de vulnerabilidad se adquiere por diversas razones: afectivas, sociales, culturales, etcétera. Durante casi treinta años yo fui neurólogo practicante en el hospital de Toulon y todos los lunes a la mañana atendía a una gran cantidad de pacientes con traumatismos craneales; no psíquicos, sino físicos, tales como conmoción cerebral o similar. Todos los lunes tenía a varios accidentados en la cama, pacientes con un trauma craneano, y les preguntaba: «¿Me puede decir qué pasó?». Como respuesta, obtenía la siguiente: «Me subí al coche, y luego no sé qué pasó... De repente me encuentro en una cama de hospital». Entonces, hacía el examen y les preguntaba si querían una segunda entrevista a la semana siguiente o al mes siguiente. En ese segundo encuentro, les hacía la misma pregunta una vez más: «¿Puede contarme por qué tuvo usted un traumatismo craneano y un accidente de auto?». Los pacientes que habían tenido un agujero y no podían recordar nada al día siguiente del accidente, un mes después describían lo sucedido en un relato totalmente coherente. «Me subí al coche, salí, la ruta estaba mojada, había hojas, el coche derrapó, me fui contra una pared». Todo era coherente; es decir, lo que tapó y rellenó el agujero de la representación del pasado fue la invención de un relato suministrado por sus recuerdos. Estos recuerdos no eran falsos, pero estaban colmados de un conjunto de memorias heterogéneas: aquello que la familia, las enfermeras y los médicos le habían contado, las fotos que la compañía de seguro había mostrado. No eran mentiras, simplemente eran informaciones recogidas al azar que alimentaban una representación que hacía que el herido de un traumatismo craneano contara una información coherente, pero falsa.

De aquella época recuerdo las lobotomías. Las lobotomías son fáciles de realizar: se busca un pequeño hueco por encima de la órbita, debajo del párpado, cerca de la nariz, luego se introduce una aguja en la parte superior de la órbita en dirección hacia el ojo y, forzando un poco la aguja a través de esa pared esponjosa del hueso, se llega a la fase inferior del lóbulo prefrontal. Seguidamente se mueve la aguja, se agita el lóbulo prefrontal y el enfermo ya se siente mucho mejor, no tiene más angustia, el enfermo ya está «curado» (risas en la sala). Sin embargo, en la memoria traumática la cultura juega un rol muy importante. Yo hablé hasta aquí en términos de neurología, pero una gran parte de nuestro cerebro es esculpido por nuestra existencia, por nuestras relaciones; y en toda relación hay un relato.

Existe un trabajo realizado por Magaï en 2008, en el que se tomó a una población de hombres negros mayores de 65 años. Se sabe que el apego evoluciona con los años y que se desarrollan más los estilos evitativos, distantes, que podrían ser considerados parte de la sabiduría de las personas. Con el paso del tiempo, somos menos sensibles a las informaciones recibidas que cuando éramos niños o adolescentes. En este sentido, Magaï demuestra que en una población de hombres negros estadounidenses mayores de 65 años, el 80% adquirió un apego evitativo, mientras que solo el 20% tenía este estilo de apego en la población general, al igual que el 25% de negros en Europa y el 20% de negros africanos. El *apartheid* ya no existe más legalmente en Estados Unidos: una ley lo prohíbe desde 1965. Sin embargo, todavía existe en el espíritu general de la sociedad un comportamiento de rechazo no siempre consciente, involuntario, pero que los negros perciben intensamente. Hace unos años presencié una situación en la que una señora llegó al lugar en el que yo me encontraba junto a varios colegas. Ella dio la mano a todos los blancos que estaban en la sala, pero olvidó dar la mano a los psicólogos negros. Nadie se dio cuenta de esto; los negros no dijeron nada, no se dijo nada, pero esta pequeña herida preverbal, cuando se vuelve cotidiana y repetida, puede hacer crecer el apego evitativo, pues se observa que esta anhedonia puede ser mental, genética, a menudo accidental; otras veces, sin embargo, puede ser existencial y también cultural.

Esto, no obstante, se puede modificar. Incluso el hecho de que nosotros como terapeutas podamos decidir si sostener o abandonar a las personas traumatizadas habla también de un determinante cultural.

Después de la guerra de Corea, los oficiales estadounidenses abofeteaban a los soldados que tenían un síndrome postraumático y los trataban de cobardes. En Francia, después de la primera guerra mundial, los profesores de medicina (entre ellos Morel, quien fundó la neurocirugía) aplicaban *shocks* eléctricos a los soldados que estaban espantados por el combate en las trincheras porque eran considerados traidores y, por lo tanto, ya no podían combatir más. Fue necesario que una mujer, la cantante Joan Baez, dijera luego: «Estos hombres no son responsables de la violencia, lo son los políticos que los enviaron a hacer la guerra a Vietnam, a un país cuyos intereses y resultados no conocían». Fue necesario que una cantante dijera esto para que se operara un cambio en la aventura cultural. A partir de ese momento, esos hombres, en lugar de ser menospreciados o enviados a prisión, fueron ayudados en varios niveles.

Muchas veces digo que las personas se sienten mejor cuando llenan ese agujero de memoria, cuando se llena el agujero de la representación de sí, y hay un excelente medio de completar ese agujero de memoria que es la escritura.

Otro relato que nos habla de la percepción cultural y sus consecuencias es el relato de Primo Levi, que sobrevivió a la Shoá y que fue un químico internacionalmente conocido, razón por la cual fue menos perseguido que otros judíos. Él era un judío italiano y no murió porque estaba encargado de la administración. Solía decir: «Era necesario que sobreviviera para poder testimoniar, para contar lo que me pasó». Así fue; en 1946 publicó su libro *Se questo è un uomo*. Nadie lo leyó porque la cultura no soportaba oír tales horrores, sobre todo los franceses, que habían perdido la guerra contra los alemanes, y sobre todo porque Francia había colaborado con el nazismo durante el gobierno de Vichy, lo cual fue reconocido por Chirac recién en 1995. Fueron, pues, 40 años de silencio imposibles de testimoniar, porque nadie quería oír nada de Primo Levi. Él se llevaba muy bien con su hermana, con la que antes de la guerra tenía una gran amistad. Cuando Primo Levi decidió volver a su hogar para contarle a su hermana lo que había vivido, en medio de una cena familiar, en Torino, ella abandonó la mesa angustiada porque no soportó el relato de su hermano. Primo Levi escribió: «De nuevo estoy solo». Luego de ese episodio, tuvo un síndrome postraumático. Nadie lo ayudó; por el contrario, todo el mundo agravó su sufrimiento y un día se suicidó.

Jorge Semprún fue deportado y quiso contar su deportación. No pudo porque se puso a dar testimonio de su deportación sin reelaborar la representación de lo que le había ocurrido. Él no hizo más que repetir el horror; por lo tanto, hizo el camino hacia el síndrome de estrés postraumático, la repetición neurótica. Semprún cesa de escribir porque dice: «No puedo escribir porque mi papel sangra». Es solo 20 años más tarde que retoma la pluma, pero reelaborando la representación de lo que le ocurrió. Es decir, una novela, una reflexión o una psicoterapia. En la novela voy a imaginar al héroe que va a ser mi portavoz y va a contar el horror que yo sufrí durante la segunda guerra mundial o en el momento de la deportación. Y así, yo tendré la fuerza de decirlo y ustedes tendrán la fuerza de leerlo; por lo tanto, no estaré solo en el mundo.

Con estos ejemplos termino mi exposición. Pienso que antes de mi exposición ustedes tenían las ideas claras. Espero que ahora estén confusas. Muchas gracias por haberme escuchado.

Bibliografía

Caspi, A., Sugden, K., Moffit, T. E., Taylor, A., Graig, I. W., Harrington, H. et al. (2003), «Influence of life stress on depression: Moderation by a polymorphism in the 5-HTT gene», en *Science*, n.º 301, págs. 386-389.

Charney, D. S. (2004), «Psychobiological mechanisms of resilience and vulnerability: Implications for successful adaptation to extreme stress», en *American Journal of Psychiatry*, n.º 161, págs. 195-216.

Cohen, D. (2012), «The developmental Being. Modeling a Probabilistic Approach to Child Development and Psychopathology», en Garralda, M. E. y Raynaud, J. P., *Brain, Mind and Developmental Psychopathology in Childhood*, Jason Aronson, Nueva York, págs. 3-29.

Harel, S. y Anastasiow, N. I., *At-Risk Infants Interventions, Families and research*, Brookes, 1992.

Lejeune, A. y Delage, M., *La mémoire sans souvenir*, Odile Jacob, París, 2017.

Levi, P., *Si c'est un homme*, Pocket, París, 1988.

Magaï, C., Cohen, C., Milburn, N. et al. (2001), «Attachment styles in older European-American and African-American Adults», en *Journal of Gerontology*, B. Psychol. Sci., Soc. Sci., 56B, 1, págs. 528-535.

Offer, D., Katz, M., Howard, K. L. y Bennett, E. S. (2000), «The altering of reported experience», en *Sc. Am. Child Adolescent Psychiatry*, n.º 39, págs. 735-749.

Radchenko, A. y Allilaire, J. (2007), «Neuroplasticity and depression: Taking stock», en *Neuronale*, n.º 32, págs. 6-10.

Semprún, J., *L'écriture ou la vie*, Gallimard, París, 1994.

Villalobos, M. E. (2010), «Resiliencia en niños con experiencias de abandono», en *Acta Colombiana de Psicología* (online), vol. 13, n.º 2, págs. 149-159.

Sueño lento como neuroprotector en el envejecimiento

Dr. Daniel Cardinali

El tema que voy a abordar en esta presentación pretende focalizar tres aspectos relacionados con el sueño, la vejez y la capacidad de resiliencia en determinadas etapas de la vida adulta. Estos aspectos son: la pérdida de homeostasis en el anciano; la remoción de productos tóxicos durante el sueño, tema que ha cobrado gran importancia en los últimos años y que bien puede ser considerado, en mi opinión, el hallazgo neurocientífico más interesante de los últimos cinco años desde el punto de vista clínico; y, por último, las aplicaciones médicas de la melatonina como cronobiótico y como poderoso citoprotector.

Las enfermedades neurodegenerativas son hoy de un impacto extraordinario. Cuando se observan las proyecciones demográficas para el 2050, cuando se analizan las proyecciones de individuos de más de 80 años para el 2040 (que se estima que alcanzarán los 400 millones de personas), o la proyección de la enfermedad de Alzheimer (que arroja una cifra de 160 millones de personas), evidentemente estamos ante una situación que debe revertirse, ya que no podría ser tolerada por ningún sistema de salud conocido. Esto constituye un desafío extraordinariamente importante.

Existe un estudio, llevado a cabo por el gobierno británico hace unos pocos años, que resulta muy interesante, ya que determina y pone el énfasis en los elementos considerados importantes para el capital humano en esta era. Al referirse a la vejez, este trabajo reconoce tres condiciones fundamentales: el sueño, el ejercicio físico y la nutrición; estos son los tres pilares del envejecimiento saludable. Por lo tanto, a lo largo de esta exposición, pretendo referirme al sueño sin perder de vista algunos aspectos relacionados con la nutrición.

El término homeostasis es un término muy usado en fisiología y tiene su génesis en un referente de esta ciencia, William Bradford Cannon, en los comienzos del siglo xx. Este término vino a definir los mecanismos que mantienen constantes las variables, mecanismos que reaccionan para mantener esa variable entre sus límites máximos y mínimos de funcionamiento (homeostasis reactiva). Hacia la década de los sesenta, sin embargo, aparece el concepto de ritmo circadiano, que supone una idea mucho más amplia para la homeostasis porque ya no implica una reacción sino una predicción. En todos nosotros, tal vez a las cuatro o las cinco de la mañana de hoy, nuestro sistema cardiovascular comenzó a prepararse sin ningún cambio ante el cual reaccionar, sino que lo hizo simplemente anticipando el momento habitual de cambio de decúbito (homeostasis predictiva). La homeostasis predictiva, por otro lado, depende de los ritmos circadianos.

En los últimos tiempos, la ciencia ha desarrollado bastante la idea de postura autonómica. En lo personal, considero que la base esencial de la psicoinmunoneuroendocrinología es entender que no puede percibirse la realidad biopsicosocial ecológica del individuo sin tener en cuenta el medio interno y la postura autonómica, que implica la configuración psicoinmunoneuroendócrina adecuada para cada alternativa de la vida.

Una de las consecuencias del envejecimiento es la pérdida de la homeostasis. Prácticamente, no hay función fisiológica que no decaiga en su capacidad de reacción, y esto también es válido para la predicción, ya que se observará un empobrecimiento de la amplitud del ritmo sueño-vigilia. La epidemiología del sueño en el geronte es bien indicativa de ello; si nos remitimos a las cifras, veremos que el 40% de los individuos mayores de 65 años no están satisfechos con su sueño. Algunos tienen insomnio y sufren esta realidad. Para aquellos que están institucionalizados, todavía es más grave la situación del insomnio, ya que más de la mitad consumen hipnóticos. Y este es otro gran capítulo del que, a mi criterio, ni el médico ni el personal de salud en su conjunto han tomado cabal conocimiento. Las benzodiazepinas y otras drogas similares (drogas «Z»; zolpidem, por ejemplo) tienen la misma actividad adictiva que la cocaína y tres veces menos que la marihuana, y no existe ninguna recomendación por parte de sociedades o autoridades internacionales que sostenga que pueden usarse por más de tres o cuatro meses en nuestros pacientes. Probablemente todos nosotros hayamos visto a personas que de por vida toman estas drogas, por ejemplo, el Rivotril, clásico argentino que ya es muy común en las calles. A la industria le interesa mucho esto, porque las estadísticas dicen que en todos los países del mundo (desarrollados y no desarrollados) se está vendiendo alrededor de un 3% más de somníferos similares por año.

Pero pasemos ahora a otro tema, la «alostasis», que me parece que es una idea muy interesante para abordar la situación del geronte en relación con el estrés. Por ejemplo, si un sujeto bebe una copa de cerveza y come papas fritas, deberá alcanzar determinado equilibrio hidrosalino para restablecer la homeostasis de su medio interno. No hay grandes diferencias entre nosotros en lo que respecta a ese mecanismo; ese mecanismo está estereotipado, es un sistema propio de cada especie. Pero en la situación llamada «alostasis», en la cual el factor estresor no desaparece, la adaptación deja secuelas de desgaste fisiológico. Es el caso del individuo sometido a la gran vorágine de la sociedad actual, y sometido además al envejecimiento, entre otros factores.

Hemos dicho que el estrés no desaparece: lo que queda es la capacidad de respuesta ante la situación en la cual el estrés está presente (véase la figura 1).

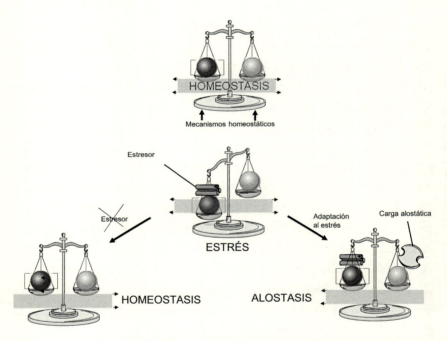

Figura 1. Ante el estrés la recuperación puede ocurrir luego de la desaparición del factor estresante (izquierda). Sin embargo, incluso en situaciones en las que el factor estresante no se elimina, es posible restaurar y mantener la homeostasis (derecha). El concepto de «alostasis» se introdujo para considerar los sistemas reguladores que desarrollan desgastes variables, mostrando diferencias individuales de acuerdo con la capacidad del individuo para hacer frente a nuevas situaciones. Las diferencias entre individuos en el proceso de envejecimiento son el resultado de estos cambios alostáticos.

En un anciano, por ejemplo, es muy característica la respuesta al estrés. Mientras que en el joven es rápida para el sistema hipotálamo-hipofisario-suprarrenal, en el viejo es mucho más prolongada por el desgaste acumulado, y esto puede comprobarse con facilidad en animales de laboratorio. Por ese motivo consideramos que el conjunto alostasis-envejecimiento debe ser tomado en serio. No olvidemos que a partir de los 30 años decrece aproximadamente un 1,5% anual la capacidad de cada uno de los sistemas de nuestro organismo.

Los marcadores alostáticos del envejecimiento, por lo tanto, son múltiples. Uno de ellos es el deterioro del sueño. Pero ¿qué es el sueño? Podemos afirmar que es el producto de dos fenómenos bien identificados: una deuda de sueño, que se va acumulando, y un sistema que contrarresta a esa deuda y que depende del sistema circadiano, que es muy efectivo en las primeras horas de la mañana porque todavía la deuda no se ha acumulado lo suficiente. A partir de este momento, y con la acumulación creciente de la deuda de sueño, el margen de la vigilia se hace cada vez más estrecho, lo que se agrava al aparecer la señal que abre las puertas del sueño, que es la melatonina. Desde los tres meses de vida y hasta el momento de la muerte, la melatonina aumenta cada noche en todos nosotros. Sin embargo, sabemos que la producción de melatonina se va deteriorando junto con otros mecanismos del ritmo sueño-vigilia. Por ejemplo, estudios en ancianos ponen en evidencia una alterada actividad electroencefalográfica, sobre todo en lo que respecta al sueño de ondas lentas. A edades avanzadas, el sueño REM también tiende a disminuir; y esta alteración del sueño REM es un prólogo y un pródromo del decaimiento intelectual. Paralelamente, hay una cantidad de hormonas (como la hormona del crecimiento, por ejemplo) que disminuyen con la edad.

Estos son algunos datos recogidos en nuestro laboratorio, hace años, de estudios realizados en personas normales (véase la figura 2).

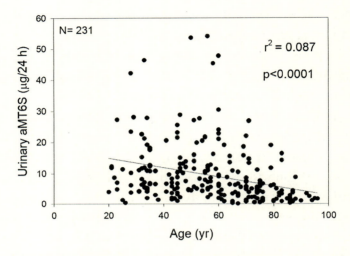

Figura 2. Excreción de 6-sulfatoximelatonina en sujetos normales. Datos del Laboratorio de Neurociencias, Facultad de Medicina, UBA. 1995-2005.

Podrán observar, por ejemplo, cómo decae la excreción del metabolito de la melatonina urinaria; también la extraordinaria variabilidad individual que hay en la producción de melatonina. Si se hiciera este mismo estudio en parientes de primer grado, o incluso en gemelos, encontraríamos muchísima menos variabilidad. Es como si hubiera un componente genético importante en la producción de melatonina que puede tener significado para algunos procesos que veremos más adelante.

Tanto nuestros estudios como los de otros grupos de investigación han demostrado claramente que a mayores niveles de melatonina hay mayor calidad de sueño. Este dato es constante a nivel electroencefalográfico, polisomnográfico y subjetivo, tanto en el hombre como en la mujer.

Sin embargo, el sueño no es solo un fenómeno neurológico. En realidad, el sueño (con sus componentes sueño lento y sueño REM) y la vigilia constituyen tres configuraciones fisiológicas diferentes en las cuales transcurre nuestra vida. La vigilia es controlada por el sistema nervioso simpático y tiene que ver con la respuesta a las dos amenazas más importantes que hemos tenido como especie. Por un lado, el trauma físico: para una especie diurna era muy importante seleccionar aquellos mecanismos de inmunidad, aumento de la coagulabilidad y vasoconstricción que limitaran las consecuencias de las heridas, por ejemplo, infecciones y hemorragia. Y, por otro lado, para una especie que comía cada dos o tres días, era fundamental asimilar la mayor cantidad de alimento posible, asegurada por la secreción de hormonas orexígenas, como la ghrelina. Esto se ha vuelto claramente contra el hombre contemporáneo; la pandemia de obesidad lo indica sin ninguna duda.

La contraparte de este cuerpo dominado por el sistema simpático es el cuerpo parasimpático del sueño lento. Este cuerpo parasimpático es prácticamente la contraparte anabólica del catabólico de la vigilia. Durante el sueño lento predominan fenómenos tales como la expresión de la inmunidad, la reducción de la presión arterial —vacación cardiovascular fundamental para nuestra salud cardiovascular—, la secreción de varias hormonas de tipo anabólico y, finalmente, el tema del flujo glinfático que quiero tratar luego.

Además del simpático y el parasimpático, hay también un tercer cuerpo, el del sueño REM, un cuerpo homeostáticamente paradojal. Es un cuerpo con el cual desconectamos todos nuestros sistemas de control por diez o quince minutos, con el objetivo fundamental de no ejecutar la actividad de la ensoñación. Cuando una persona no desconecta sus sistemas motores en el sueño REM presenta la parasomnia del sueño REM activa, que es un pródromo de la enfermedad de Parkinson.

En los ancianos puede notarse una reducción muy importante del sueño lento y un incremento de los aspectos ya negativos de la hiperfuncionalidad autonómica simpática: la inflamación, la aterotrombosis, la hipertensión arterial, el síndrome metabólico, la diabetes de tipo 1 y, también, la combinación de diabetes y enfermedad neurodegenerativa llamada diabetes del tipo 3. Y esto es esencialmente el resultado del desequilibrio de estos tres cuerpos. Como ustedes ven, el sueño no es solamente un fenómeno neurológico; el sueño interesa a cada individuo y a cada persona que está enfocando el problema de la salud de manera integral, no solo a nivel neurológico, ya que no hay manifestación de nuestro organismo que escape a esta realidad de los tres cuerpos en los cuales vivimos cada 24 horas.

Pasemos ahora al sistema glinfático. Es este un tema muy interesante, porque los que hemos enseñado Fisiología en el ámbito académico solíamos explicar el movimiento del líquido cefalorraquídeo a través de los mecanismos de concentración, ósmosis, etcétera, esencialmente regulados por la presión parcial de oxígeno, de dióxido de carbono, o el pH. Actualmente, esto ha cambiado, ya que con la resonancia nuclear magnética funcional se ha visto que el cerebro se «baña» en el sueño lento. Y ese «baño» tiene un significado funcional importante, porque la remoción de los productos tóxicos que llevan a la neurodegeneración se da esencialmente en el sueño lento.

La hipótesis glinfática sostiene que este lavado se da por aumento del espacio intersticial y del flujo dado por la actividad de las acuaporinas, fenómenos producidos esencialmente en el sueño lento. Y si se perturba el sueño lento, se están perturbando estos mecanismos de depuración de productos tóxicos cerebrales.

Por eso, el sueño desempeña un papel esencial en la remoción de estos compuestos y, por lo tanto, el respeto por el sueño es clarísimo. Veíamos cómo se visualiza su influencia en el caso del Alzheimer: en el hombre joven hay un flujo glinfático de convección muy intenso demostrable; en el individuo envejecido, ese flujo es cada vez menor. El déficit de flujo glinfático se agrava todavía más en la enfermedad de Alzheimer, y no solamente en el individuo enfermo.

En un estudio realizado recientemente en individuos normales, se correlacionó la actividad y la calidad del sueño con marcadores de degeneración neuronal en el líquido cefalorraquídeo. La pobre calidad del sueño asoció mayor patología del beta-amiloide, mayor patología de la proteína tau (otro componente importante en el Alzheimer), mayor patología de degeneración neuronal y mayor neuroinflamación. Nótese que individuos en los que se realizó el estudio eran sujetos normales con el sueño perturbado. Muchos de nosotros podemos estar involucrados en esta categoría en una sociedad acelerada las 24 horas, los siete días de la semana, y que ha reducido entre un 20 y un 30% las horas de sueño en apenas un par de décadas.

Hablaremos ahora de la melatonina como citoprotector. La melatonina —en dosis que superan los dos o tres miligramos, que podemos conseguir en cualquier farmacia— tiene una actividad muy importante como preventiva de la neurodegeneración. Debe notarse que la melatonina es una molécula extraordinariamente preservada en la evolución, y que está presente en todas las formas de vida, incluidas las plantas (véase la figura 3).

FILOGENIA DE LA MELATONINA

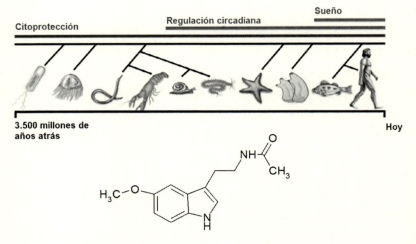

Figura 3. La función original de la melatonina puede haber sido antioxidante. Durante la evolución, la melatonina y su ritmo en sangre fueron reutilizados para otras funciones, por ejemplo, como regulador del ritmo circadiano y para la promoción del sueño. Sus funciones citoprotectoras, sin embargo, se extienden más allá de las enumeradas en esta figura. La melatonina se conservó con su estructura molecular original (la melatonina en las cianobacterias es idéntica a la de los humanos) durante la evolución. Todos los animales y plantas que se han estudiado contienen melatonina.

Esta característica, evidentemente, no se relaciona con el sueño, sino con su importante poder citoprotector. La melatonina es tanto un cronobiótico como un citoprotector.

Veamos dos ejemplos. El primero es la protección del sueño de ondas lentas, protección que sí se consigue con los dos o tres miligramos que puedo comprar en la farmacia en este momento. Un estudio realizado con el profesor Monti, de la Universidad de la República (Montevideo), fue uno de los primeros trabajos en demostrar por polisomnografía que lo que se observa en el individuo que recibe tres miligramos diarios de melatonina es un aumento del sueño lento (véase la figura 4).

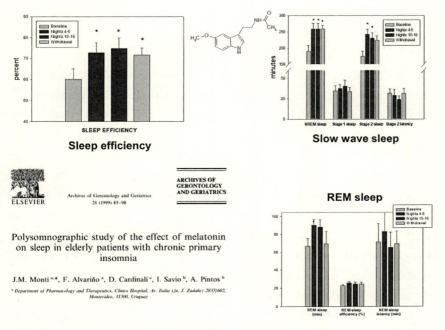

Figura 4. Este es uno de los primeros estudios que indican que la melatonina promueve el sueño lento sin efectos apreciables sobre el sueño REM.

En estudios en animales a los que se les han inhibido los receptores de melatonina, el resultado que se observa es la pérdida del sueño, sobre todo del sueño lento. Todo esto indica de manera sólida que la melatonina es un elemento de utilidad en la inducción y el mantenimiento del sueño lento.

Consensos como el de la Asociación de Psicofarmacología Británica indican que, cuando hay que prescribir un hipnótico a un individuo de más de 55 años, la melatonina aparece como la primera opción. En cuanto al efecto citoprotector, varios estudios indican que la melatonina es responsable del aumento del *clearance* glinfático de beta-amiloide y de la disminución de las proteínas beta-amiloide y de la astrogliosis, que acompaña a muchas lesiones cerebrales, sobre todo por el hecho de ser un extraordinario reciclador de radicales libres y protector mitocondrial.

En este punto aparece el problema de la dosis. No se sabe de dónde salió la ya tradicional dosificación de dos o tres miligramos. No hay nada que indique el origen de esa dosis. Este hecho contrasta con los organismos de contralor, como la Food and Drug Administration o la European Medicines Agency (que han incorporado agonistas de la melatonina que tienen la misma o mayor actividad y se administran en concentraciones diez o veinte veces superiores a los dos o tres miligramos de la melatonina). Esta dosis mínima es válida si lo que se busca es la acción como cronobiótico; sin embargo, si lo que se pretende es obtener citoprotección, la dosis requerida está en el orden de los 50-100 miligramos diarios.

Quisiera referirme ahora al síndrome metabólico obtenido experimentalmente por administración de fructosa. En los estudios que hemos realizado en ratas, pudo observarse que la melatonina fue capaz de revertir aquel efecto, contrarrestando además la alta presión arterial. Para ello, a cada rata debió suministrársele una dosis equivalente en humanos a 40 miligramos diarios.

Como último tema para esta exposición hablaré de las enfermedades neurodegenerativas. En este momento hay unos veinticinco trabajos publicados empleando melatonina en ratones transgénicos que expresan algún componente, o varios componentes, de la enfermedad de Alzheimer. En estos casos, la melatonina es capaz de prevenir el daño cognitivo en esos animales. Debe notarse que las únicas medicaciones que están admitidas por FDA y EMEA son el bloqueo del receptor de NMDA y agentes con actividad anticolinesterásica como el donepezilo.

La melatonina, experimentalmente, es capaz de afectar casi todos los aspectos patológicos en la enfermedad de Alzheimer. Cuando se autorizó el uso de la melatonina en Argentina en 1995, comenzamos a utilizarla en la alteración de los ritmos circadianos en el enfermo de Alzheimer.

En el primer trabajo publicado demostramos que, en la enfermedad de Alzheimer, había un efecto de mejoría del *sundowning* y de la performance cognitiva en pacientes con enfermedad de Alzheimer. Pero, asimismo, nos encontramos con que había pacientes que respondían y otros que no, hecho corroborado por la bibliografía internacional. Comenzamos entonces a examinar pacientes con deterioro cognitivo mínimo, frecuentemente fase inicial de la patología neurodegenerativa.

Hasta el presente se han publicado, en la bibliografía internacional, siete estudios doble ciego placebo controlados que indican que la melatonina mejora la performance cognitiva en el deterioro cognitivo mínimo. Y hay dos estudios abiertos retrospectivos de nuestro laboratorio que también lo indican.

Resulta interesante ver los resultados de aquel estudio (realizado en el consultorio de Alzheimer del Hospital de Clínicas, de la Universidad de Buenos Aires), porque lo que se pudo ver es que los pacientes que recibían, junto con el tratamiento habitual, una asociación de melatonina recetada por el psiquiatra, experimentaban una mejoría de los índices neuropsicológicos con mejoría de la depresión y de la calidad del sueño. En estudios experimentales, llevados a cabo en nuestro laboratorio, concluimos en una dosis estimada de 35 miligramos diarios de melatonina en estos pacientes. Como vemos, esta cifra está lejos de los dos o tres miligramos de los que antes hablábamos.

Por su presencia en alimentos de origen animal y vegetal, la melatonina puede convertirse en un nutracéutico de utilidad en la prevención de patologías neurodegenerativas como la enfermedad de Alzheimer. Estoy convencido de que este tema, que plantea el desarrollo de estudios aplicados con la melatonina, será el siguiente nivel de investigación para garantizar un envejecimiento exitoso (véase la figura 5).

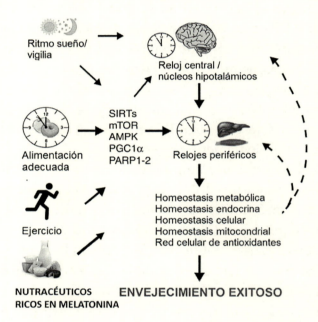

Figura 5. Un ritmo de sueño-vigilia preservado, una alimentación adecuada, el ejercicio físico y nutracéuticos conteniendo melatonina pueden asegurar un envejecimiento exitoso.

Bibliografía

Cardinali, D. P. (2018), «Melatonin as a chronobiotic/cytoprotector: its role in healthy aging», en *Biological Rhythm Research*, DOI: 10.1080/09291016.2018.1491200.
— (2017), *Autonomic Nervous System. Basic and Clinical Aspects*, Springer International Publishing AG Switzerland, ISBN 978-3-319-57571-1.
— (2014), *Qué es el Sueño*, Paidós, Buenos Aires, ISBN 9789501201451.
—, Scacchi Bernasconi, P. A., Reynoso, R., Reyes Toso, C. F. y Scacchi, P. (2013), «Melatonin may curtail the metabolic syndrome: studies on initial and fully established fructose-induced metabolic syndrome in rats», en *International Journal of Molecular Sciences*, vol. 14, págs. 2502-2514.
—, Golombek, D. A., Rosenstein, R. E., Brusco, L. I. y Vigo, D. E. (2016), «Assessing the efficacy of melatonin to curtail benzodiazepine/Z drug abuse», en *Pharmacological Research*, n.º 109, págs. 12-23.
Pappolla, M. A., Matsubara, E., Vidal, R., Pacheco-Quinto, J., Poeggeler, B., Zagorski, M. y Sambamurti, K. (2018), «Melatonin treatment enhances aβ lymphatic clearance in a transgenic mouse model of amyloidosis», en *Current Alzheimer Research*, n.º 15, págs. 637-642.
Sprechen, K. E. et al. (2017), «Poor sleep is associated with CSF biomarkers of amyloid pathology in cognitively normal adults», en *Neurology*, 89 (5), 1 de agosto, págs. 445-453.
Zeppenfeld, D. M., Simon, M., Haswell, J. D., D'Abreo, D., Murchison, C., Quinn, J. F., Grafe, M. R., Woltjer, R. L., Kaye, J. y Iliff, J. J. (2017), «Association of perivascular localization of aquaporin-4 with cognition and Alzheimer disease in aging brains», en *JAMA Neurology*, n.º 74, págs. 91-99.

Vejez y resiliencia: enfoque psicológico

Dr. Ricardo Iacub

> *En las profundidades del invierno, finalmente, aprendí que en mi interior habitaba un verano invencible.*
> Albert Camus

La siguiente exposición pretende abordar el tema de la vejez, enfocado en particular desde el fenómeno de la resiliencia y el concepto de plasticidad. Ambos términos cuentan con muchos factores en común, aunque ciertos criterios y orígenes teóricos sean diversos.

En primer término, la resiliencia se define como la capacidad para superar adversidades y salir fortalecidos, con un factor relevante que es la presencia del otro. En segundo término, la plasticidad es entendida como el potencial de cambio con el que cuenta un ser humano, a partir de las capacidades de reserva, lo que facilita la recuperación, el mantenimiento y el crecimiento.

Es importante enfatizar que, mientras que en el primero aparece el contexto (el otro, los otros y lo otro) de manera más gravitatoria, en el segundo es el desarrollo del sujeto y sus reservas el principal condicionante. Ello, sin dejar de considerar que las dos teorías incluyen ambos factores y sus interacciones específicas; con un factor central, que permite su integración, ya que cada una permite comprender las condiciones específicas de superación de la adversidad.

En esta compleja articulación entre las condiciones de adversidad y su superación, Mroczek y Kolarz (1998) plantearon «la paradoja de la vejez», ya que sostienen que, más allá de todos los fenómenos observables, tales como los indicadores sociales, biológicos y psicológicos negativos que puedan existir, las personas mayores sienten altos niveles de bienestar. Incluso existe una investigación más reciente que ha demostrado, a escala mundial, que los dos grupos humanos que parecen ser más felices son los de 20 y los de 70 años. Por situaciones que pueden ser diversas, pero con niveles similares de felicidad.

De aquella paradoja me interesaría trazar una analogía con la resiliencia, ya que si ciertas formas de envejecimiento pueden incluir mayor frecuencia de momentos de adversidad biopsicosocial (viudez, enfermedades, proximidad de la muerte, etcétera), en las cuales la felicidad pareciera quedar limitada, lo curioso es que a partir de estas condiciones puede suscitarse el acceso al bienestar subjetivo. Entonces, en un lado de la navaja encontramos los cambios biopsicosociales que pueden alterar la relación del sujeto consigo mismo, con los otros o con su realidad; y, en el otro lado, la capacidad de transformar esas vivencias negativas y convertirlas en recursos y fortalezas psicológicas.

Para comprender esta posibilidad, quisiera destacar la dialéctica entre los contextos y el sujeto; es decir, lo que nosotros pensamos como resiliencia no sería tal si no se contemplasen los contextos que la promueven. Por ello no quisiera dejar de considerar las variables contextuales que no facilitan esta transformación positiva, y puntualizarlo en un fenómeno actual como la denominada «epidemia de la soledad».

El informe Cox mostró una preocupante situación social donde se indicaba que en Gran Bretaña más de nueve millones de personas se sienten solas o muy solas, problemática que incide más especialmente en los adultos mayores. Si bien este fenómeno parece ser más evidente en los países europeos que en nuestras latitudes, no podemos negar que el fenómeno también nos afecta. Hay muchísima investigación al respecto que pone en evidencia los efectos biológicos y psicológicos de la soledad y el aislamiento. Es indudable que la falta del otro en los adultos mayores que están socialmente aislados es sinónimo de una trayectoria en salud más pobre, en comparación con los adultos que están más acompañados; de hecho, distintas investigaciones actuales han ido mostrando que el riesgo de muerte es 31% mayor en aquellos que están solos que en los que no lo están. La cifra es muy elevada, y una investigación reciente de la AARP (*American Association of Retired Persons*) muestra que los riesgos de la soledad pueden ser comparables con los de la obesidad, la polución, la inactividad física o el hábito de fumar quince cigarrillos por día. Otros estudios han indicado que estar mucho tiempo solos puede generar olvidos o fallos relativos al deterioro cognitivo. Así también, un estudio de Rafnsson y otros (2017) mostró, a partir de una investigación longitudinal británica, que las personas que se sienten solas (aun cuando tengan gente a su alrededor) pueden desarrollar demencia tipo Alzheimer. Otros estudios indican que las personas de 65 años o más que no se sienten útiles a la sociedad tienen el doble de posibilidades de morir en los seis años siguientes. Estos resultados contrastan con los que muestran que las personas de 75 años o más que se sienten necesitadas tienen menos probabilidades de morir en los diez años siguientes. Finalmente, las personas mayores que no se sienten útiles tienen cuatro veces más posibilidades de sufrir discapacidad o fallecer.

Entonces, la vejez genera cambios en varios niveles: las consecuencias de la jubilación, la viudez, los cambios corporales, los niveles de discapacidad o el no sentirse reconocido o valorado. Hay una sumatoria de cambios cotidianos que generan situaciones de adversidad, que pueden llevar a la reclusión y a la vivencia de depresión y tristeza. Pero, llamativamente, estas adversidades pueden llevar a otro tipo de encuentros y posibilidades.

Randall y Kenyon (2004) denominaron esta situación como la sabiduría ordinaria, la que refiere a la búsqueda de significado de la vida y del sufrimiento. Señalan que, paradójicamente, el crecimiento es posible a través de la disminución, y la ganancia a través de la pérdida.

La narración de sí ante los cambios

Ante estas adversidades aparecen distintas formas de resolución. Una de ellas tiene que ver con la función de la narrativa y la producción de relatos, a partir de la cual es posible comprenderse a uno mismo en situaciones de crisis o de cambios vitales de gran magnitud.

Cuando el sujeto debe realizar ajustes psicológicos ante transformaciones físicas, psicológicas o sociales, la función de la narrativa, tanto en Ricoeur como en McAdams (Iacub, 2011), es generar relatos de sí que vuelvan aceptable la posición del sujeto ante las nuevas circunstancias vitales. Se conforman de este modo lazos de coherencia y continuidad entre los cambios surgidos y los relatos previos de sí, y se posibilita con ello un relato actualizado que refuerce la identidad personal.

Los relatos producidos son mecanismos que permiten ajustar un nuevo significado de sí y volver con ello más aceptables los cambios acontecidos que puedan ser disruptivos con la identidad. Este proceso implica que el sujeto encuentre en el relato de sí significados y prácticas sociales que otorguen valor, reconocimiento y afectos, que faciliten la aceptación y comprensión del sí mismo.

Uno de los efectos más notados en los adultos mayores es la sensación de que han cambiado, de que ya no son los mismos: esta sensación de haber perdido la percepción de mismidad puede llevar a una reclusión en el recuerdo, una especie de vuelta hacia aquellos momentos en los cuales fueron valiosos y su vida tuvo un significado distinto al actual.

Reencontrar los sí mismos

En este punto, propongo la idea de reencontrarse en los momentos de crisis. ¿Qué significa esto? Ante los cambios vitales que inhabilitan roles o espacios de desarrollo personal, podrían emerger identidades alternativas. Aquí no estamos hablando de ser esquizoides, sino simplemente de contar con una variedad de representaciones sobre la identidad que den lugar a figuras centrales y periféricas, y que faciliten ajustes a distintos momentos vitales.

Ante una situación crítica, como lo es muchas veces la jubilación, aquellas personas cuya identidad central residió en ser un profesional, si no pueden conectarse con otras representaciones y prácticas, probablemente se encuentren ante un abismo en el momento del retiro. Lo que las investigaciones han podido indicar es que, en la medida en que exista un mayor número de sí mismos valiosos —en familia, trabajo o *hobbies*—, hay más posibilidad de salud mental (Kessler y McRae, 1982). De esta manera, el desarrollo de los posibles sí mismos puede ser un factor protector al confrontar y manejar la adaptación a los cambios que pueden sobrevenir en el envejecimiento.

Ante transformaciones de mayor magnitud, como las que limitan las capacidades físicas, resulta de gran importancia que haya un cambio interno y disposiciones externas o contextuales, ya que dicho cambio suele requerir de fortalezas que ayuden a pensar en otros lugares en los que uno pueda seguir siendo, o sintiéndose, la misma persona que era antes, aun con las múltiples adecuaciones y transformaciones que sea necesario realizar. Brandtstädter y Grève (1994) sostienen que esta acomodación resulta posible cuando se cumplen tres condiciones. La primera es la continuidad, que permite dotar de permanencia a diversos aspectos del sí mismo, al facilitar sentirse él mismo a pesar de los cambios que experimenta. La segunda es la relevancia discriminativa, donde el sujeto puede encontrar diferencias que lo individualicen. Y la tercera es la significación biográfica, donde encuentra que los atributos que lo definen son parte de su trayectoria personal.

Narrarse en la comparación y el ajuste

En relación con el concepto de narración, también es interesante subrayar los conceptos de «comparación» y «ajuste». Otra de las necesidades que surgen durante esta narración es la búsqueda de nuevas aspiraciones que eviten la constante competencia contra la persona que alguna vez fuimos, o contra ciertas esferas del sujeto, ya que es importante considerar que las comparaciones nunca son tan ciertas y se encuentran muy moduladas por las emociones actuales. A la frase de Simone de Beauvoir (1970), «para que la vejez no se convierta en una parodia ridícula de lo que éramos», agregaría que necesitamos generar ajustes y nuevas comparaciones.

Modificar los niveles de aspiraciones en los distintos dominios del funcionamiento permite adaptarse a las pérdidas, tanto en las competencias como en la salud (Baltes y Baltes, 1990). De allí también que seleccionar los grupos de comparación más apropiados puede ser un mecanismo protector importante que empodera al sujeto para manejar las pérdidas de la vejez.

Lo que muestran las investigaciones es que habría tres modos de compararse. El primero se lleva a cabo con los semejantes, realizando ajustes que permitan reconocerse en nuevos recursos y limitaciones. Envejecer no es una experiencia solo individual, sino que se realiza y se comprende con los otros. El segundo consiste en compararse con los que están peor, lo cual permite realizar compensaciones que faciliten al sujeto reconocer sus capacidades y valorizar lo que sí puede hacer. Finalmente, el tercero es la comparación con aquellos que están mejor, ya que esto permite motivar y crecer con una perspectiva más realista. Cualquiera de estas formas debe considerarse articuladamente y en respuesta a situaciones de cambio precisas.

Narrarse en el tiempo

Otra variante de la narración se relaciona con el tiempo. Sabemos que con la edad es más habitual hablar sobre el pasado. A esto se lo ha denominado reminiscencia y tiene un sentido básico que se relaciona con la posibilidad de reencontrarse con aquel que fuimos para poder narrarnos en el presente. Atender selectivamente a los aspectos positivos del pasado puede servir para soportar un sentido positivo de uno mismo en el presente.

En este ejercicio narrativo, el sujeto busca y se plantea muchas veces asignaturas pendientes, o busca otros «yoes» que le permitan encontrar lo que quiere ahora. Entonces, como un modo de recuperar el tiempo perdido, se resuelve a retomar proyectos que antes no había podido concretar.

Pero también existe la perspectiva temporal futura. En esta mirada hacia el futuro, el sujeto se proyecta, se dimensiona y establece un pronóstico de cómo pueden llegar a ser las cosas. Esa proyección basada en posibilidades es, por otro lado, la ilusión y la esperanza de que se tiene el control del presente y que se es dueño, de alguna manera, del tiempo venidero. Nuestra investigación actual se focaliza en sujetos de más de 80 años, y lo que estamos viendo es cómo se imaginan a sí mismos en el futuro y, a partir de ello, las dificultades y las adversidades que encuentran frente a estas dimensiones de futuridad. Entonces, el hecho de poder conformar un proyecto, que anime el mañana, genera que aquella dimensión no se presente como una situación adversa y temible. Vale destacar una serie de investigaciones que han evaluado la incidencia en el bienestar que tienen las proyecciones *post mortem*, como en un proyecto familiar, revolucionario, intelectual, religioso o de cualquier otro tipo que involucre alguna forma de continuidad de sí a futuro, lo que permite vencer de algún modo el temor a la finitud.

Reconocer los límites para crecer

Otras formas en las que podemos pensar la resiliencia son el reconocimiento y la apropiación de las limitaciones para, desde allí, crecer.

La investigadora Laura Carstensen de la Universidad de Stanford, desde un enfoque casi existencialista, desarrolla una teoría muy sólida científicamente a la que denomina «selectividad socioemocional».

Considera que la confrontación con la muerte genera en la mayoría de los adultos mayores una más decidida apropiación del presente, donde se priorizan los objetivos afectivos y de más rápida y segura resolución. Esto se asociaría con los altos niveles de bienestar subjetivo o felicidad.

Como ejemplos podríamos mencionar que en las elecciones de los mayores se buscan contactos más seguros que puedan proveer satisfacciones más ciertas. En este sentido, lo que se ha visto como uno de los efectos más llamativos es que los niveles de reactividad emocional en los viejos son menores ante fenómenos negativos. Es decir, si ponemos a una persona mayor y a una persona joven ante un fenómeno discrepante, como puede ser un robo, probablemente los dos lo vivan de manera similar, pero lo que se ha observado es que, luego de cierto tiempo, ambos grupos analizan y recuperan la situación de manera distinta. De hecho, hay un estudio neurobiológico que se hizo en el Instituto Tecnológico de Massachusetts en el que se muestran dos imágenes a un grupo de viejos y a otro de jóvenes: una es de un animal muerto y la otra es de un helado. Ambos grupos observan las imágenes y luego se les pregunta cuál es la que se quedaron mirando: los jóvenes se quedaban con el animal muerto y los viejos con el helado. Esto habla de cierto aprendizaje que se da justamente frente a la adversidad y que no se da en cualquier viejo, sino en aquellos que tienen ciertas percepciones de muerte, de limitación, de dificultad.

Reconocer los límites y afrontar

Veamos ahora qué sucede con los mecanismos de afrontamiento. Forster y Gallagher (en Iacub, 2011), que trabajaron durante muchos años con la noción de resiliencia y afrontamiento, sostenían que estos mecanismos operan determinando cambios y modificaciones particulares. A pesar de que se dijo que los viejos son inflexibles y que no cambian, sucede que tienen la capacidad de flexibilizar los objetivos vitales cuando verdaderamente una situación resulta apremiante. Entonces, mientras que los jóvenes intentan tener lo que se llama un afrontamiento o *coping* asimilativo (es decir, persistir en el objetivo), los viejos son más rápidos en cambiar el objetivo. Por ejemplo, si un anciano quiere ir a un determinado sitio caminando, pero por algún motivo no puede caminar, lo más probable es que pueda encontrar otras alternativas para llegar o para dejar de anhelar ese destino. Esto cuenta como un gran elemento del que disponemos, ya que, sin él, nos quedaríamos insistiendo caprichosamente en algo que no podemos alcanzar.

Por otro lado, hay investigaciones nacionales y extranjeras que muestran que los viejos son capaces de generar respuestas irracionales. Las respuestas irracionales son muy amplias para esta teoría; de hecho, la religión es una de ellas. Básicamente, lo que vemos es que las personas mayores pueden utilizar respuestas irracionales ante ciertas «vivencias» que tienen altos niveles de imprevisibilidad y afectan al control que puede ejercer el sujeto, como las enfermedades o la muerte. Frente a ello, pueden utilizar creencias que resulten disonantes a nivel cognitivo con otros criterios centrales. De esta manera, el aumento en los niveles de religiosidad o espiritualidad puede explicarse como una forma «irracional», pero que facilita la comprensión y la recuperación de un margen de control y previsibilidad.

Lo observable es que, frente a situaciones que no tienen solución, no tratar de encontrar un plano de coherencia a nivel cognitivo puede ser una forma aceptable de manejo de las emociones ante problemas que carecen de otras formas de dominio.

Renunciar o relegar aquellos roles y compromisos que ya no son funcionales e invertir en otros posibles resulta altamente positivo. Frente a ello, Baltes y Baltes (1999), de la Escuela de Berlín, articulan una breve y contundente teoría sobre la selección, optimización y compensación (SOC). Quizás uno de los ejemplos más ilustrativos y más agradables de oír con respecto a este tema sea el de Arthur Rubinstein. Este pianista siguió ofreciendo conciertos hasta muy grande. Cuando le preguntaron cómo lo hacía, respondía que ya no tocaba las mismas piezas que antes. No todas le resultaban posibles, por lo que seleccionaba mejor cuáles tocar. Esas piezas que seleccionaba las optimizaba con todo el saber que tenía; además, como sus manos ya no tenían la velocidad con la que contaba antes, compensaba ese déficit ralentizando toda la pieza y dándole la velocidad que su mano era capaz de asumir. Este es un ejemplo de selección, optimización y compensación frente al saber cierto de la adversidad.

El encuentro y la posibilidad

Finalmente, me gustaría mencionar el fenómeno relacionado con el encuentro con el otro. Hay algo que genera en los viejos una sensación de resiliencia muy fuerte y verdadera, y se asocia con la pertenencia a un grupo. Creo que el efecto terapéutico que esta pertenencia puede llegar a tener todavía no ha sido medido en toda su magnitud. Muchas veces, al entrar en un centro de jubilados o en un programa universitario para mayores, es común escuchas frases tales como: «Es como empezar a vivir la vida de vuelta» o «Yo no me imaginé que esto me podía pasar ahora». Hablamos aquí de efectos que han sido investigados (generalmente investigaciones cualitativas), pero de los que todavía no se tienen medidas claras que den cuenta de los beneficios reales que subyacen al encuentro con el otro.

En este punto, reforzamos la idea inicial de la resiliencia como un concepto complejo que está influenciado por la relación entre el sujeto y el contexto, entre el nivel de control personal y los relatos sociales. Los distintos relatos no dependen solamente de factores que se debaten exclusivamente en el plano individual, sino que suponen un diálogo y una interacción con la cultura. Cierro estos párrafos citando a Boris Cyrulnik: «La resiliencia es el hecho de arrancar placer a pesar de todo, de volverse incluso hermoso».

Bibliografía

Baltes, P. B. y Baltes, M. M. (1999), «Harvesting the fruits of age: Growing older, growing wise», en *Science & Spirit*, n.º 10, págs. 12-14.
— (1990), «Psychological perspectives on successful aging: The model of selective optimization with compensation», en P. B. Baltes y M. M. Baltes (eds.), *Successful aging: Perspectives from the behavioral sciences*, págs. 1-34, Cambridge University Press, Cambridge, Estados Unidos.
Brandtstädter, J. y Grève, W. (1994), «The Aging Self: Stabilizing and Protective Processes», en *Developmental Review*, n.º 14, págs. 52-80, http://dx.doi.org/10.1006/drev.1994.1003.
De Beauvoir, S. (1970), *La vejez*, Sudamericana, Buenos Aires.
Iacub, R. (2011), *Identidad y Envejecimiento*, Paidós, Buenos Aires.
Kessler, R. C. y McRae, J. A. (1982), «The Effect of Wives' Employment on the Mental Health of Married Men and Women May», en *American Sociological Review*, 47 (2), págs. 216-227, DOI: 10.2307/2094964.

Mroczek, D. K. y Kolarz, C. M. (1998), «The effect of age on positive and negative affect: a developmental perspective on happiness», en *Journal of Personality and Social Psychology*, 75 (5), noviembre, págs. 1333-1349.

Rafnsson, S. B., Orrell, M., D'Orsi, E., Hogervorst, E. y Steptoe, A. (2017), «Loneliness, Social Integration, and Incident Dementia Over 6 Years: Prospective Findings From the English Longitudinal Study of Ageing», en *The Journals of Gerontology: Series B*, gbx087, https://doi.org/10.1093/geronb/gbx087.

Randall, W. L. y Kenyon, G. M. (2004), «Time, Story, and Wisdom: Emerging Themes in Narrative Gerontology», en *Canadian journal on aging = La revue canadienne du vieillissement*, 23 (4), págs. 333-346, febrero, DOI: 10.1353/cja.2005.0027.

Olvido

Dr. Jorge Medina

No es fácil para mí, como neurocientífico, hablar ante este auditorio. Supongo que otros tendrían el mismo problema. En este caso, el auditorio supone la presencia de muchos profesionales de diversas disciplinas: psicólogos, médicos, investigadores, abogados, etcétera. Por ese motivo no voy a hablar de experimentos en ratas, o de cómo estos animales olvidan o recuerdan, sino que me centraré puntualmente en determinados conceptos básicos sobre el olvido, de acuerdo con las investigaciones científicas más recientes, sin ahondar demasiado en cuestiones más bien ligadas al campo de lo molecular.

Uno de los lemas que han orientado mi trabajo es que hay que copiarse de los que saben. Esto, que en mi caso supuso enriquecedores diálogos y debates con los más lúcidos, me permite hoy compartir algunas de esas voces que han arrojado luz sobre el tema del olvido y la memoria.

Al respecto, Luis Buñuel, el famoso cineasta español, dijo algo que vale la pena citar:

Tienes que empezar a perder tu memoria para darte cuenta de que la memoria es lo que construye nuestras vidas. La vida sin memoria no es vida en absoluto... Nuestra memoria es nuestra coherencia, nuestra razón, nuestros sentimientos, incluso nuestras acciones. Sin ella, no somos nada (Luis Buñuel, *Mi último suspiro*, Plaza & Janés, Barcelona, 1982).

Por otro lado, Jorge Luis Borges, el gran escritor argentino, también dijo algo muy interesante con respecto a la memoria y que demuestra que, además de escritor, era un extraordinario neurocientífico: «Yo no sé si lo que recuerdo es de la última vez que me acordé, o de lo primero que aprendí y recordé». Si lo traducimos al vocablo científico, entendemos que cada vez que se recuerda se generan cambios en esa memoria, de tal manera que, simultáneamente, se generan familias de memorias de cosas parecidas, como si esas memorias fueran catáfilas de cebolla. Ya en el siglo XIX, Sigmund Freud también se había referido a ese fenómeno.

Volvamos a Borges: «Los días y las noches están entretejidos de memoria y de miedo, de miedo, que es un modo de esperanza, de memoria, nombre que damos a las grietas del obstinado olvido». El concepto que está dando Borges ahí es el correcto. Es decir, en el mar que es el olvido hay pequeñas islas, que son los recuerdos. Esto significa que nosotros, a diferencia de lo que se podría pensar, no somos una máquina de guardar información. Solo guardamos la información que, consciente o inconscientemente, creemos que es importante, relevante. Esto tiene matices de orden subjetivo, ya que lo relevante para mí a lo mejor no es relevante para otro. Por ejemplo, hay cosas que son comunes a todos, como el miedo que tenemos a ciertas cosas. Si ahora nos dicen: «Salgan corriendo porque hay un incendio», todos vamos a actuar de manera similar y luego vamos a recordar más o menos lo mismo. Sin embargo, estoy seguro de que tiempo después ya no recordaremos lo mismo: cada uno recordará cosas distintas acerca del mismo episodio, precisamente porque cuando uno empieza a recordar va cambiando las cosas.

Otro concepto importante es el que bien define esta frase: «Nosotros aprendemos mucho y se nos olvida rápidamente casi todo». Por ejemplo, inmediatamente después de oír a un interlocutor, es probable que no recordemos cuál fue la novena o la decimotercera palabra de su última frase. Sin embargo, esas palabras ocuparon en la memoria el lugar y el tiempo precisos para que podamos entender la oración y sus significantes. Esto, que también puede considerarse un olvido, es un mecanismo de la memoria que se agota rápidamente y que llamamos «memoria de trabajo».

Por lo tanto, ¿qué es el olvido en realidad? Si prestamos atención, a lo largo del día recibimos muchísimos estímulos de todo tipo; sin embargo, lo más probable es que apenas recordemos los detalles de cada uno de ellos: los rostros de las personas con las que nos cruzamos, los colores de sus vestimentas, detalles de la arquitectura que miramos como al descuido, la disposición de determinados árboles en una plaza. Si, por otro lado, miramos hacia el pasado, veremos que tampoco somos capaces de recordar un día elegido al azar, a menos que se trate de una fecha significativa en nuestra vida.

Como vemos, olvidamos casi todo. El objetivo de esta ponencia, por lo tanto, es contarles cuáles son los principales factores involucrados en la mecánica del olvido. Por ejemplo, y en relación con lo expuesto anteriormente, me olvido del número de teléfono que alguien me dictó hace treinta segundos. Si me importa, a lo mejor lo recuerdo; si no me importa, por lo general, lo olvido. A eso no lo llamamos olvido. Para la clínica y la psicología, olvido es otra cosa.

Científicamente, el olvido puede ser definido en relación con todas esas memorias que se formaron y que, luego de un tiempo, se pierden para siempre. El olvido, por lo tanto, es la pérdida de determinada información que se tuvo y que ya no se tiene, y que probablemente ya nunca más se pueda volver a evocar.

En este punto es necesario distinguir entre aquello que se perdió para siempre y aquello que, por determinados motivos, no se puede evocar. Un ejemplo recurrente es cuando se estudia determinado tema para ser expuesto oralmente: el tema se lee, se memoriza, se pone énfasis en los puntos importantes y finalmente se repasa. Luego, al momento de la exposición, puede suceder que no se recuerde nada o solo fragmentos de lo que se debía decir. En casos como estos no hablamos ya de olvido, sino más bien de un impedimento de la evocación que puede ser producto de los nervios, del estrés, del pánico escénico, etcétera. Estos factores afectan de algún modo la evocación, pero de ningún modo determinan el olvido.

Recordemos el famoso cuadro de Salvador Dalí sobre la desintegración de la memoria. Sabemos que Dalí tuvo varias obsesiones en su vida. Muchas de ellas inspiraron los cuadros más significativos de su obra. En este cuadro vemos una impactante imagen que representa al olvido como si fuese la desintegración de la memoria, un soplo de la nada que borra los recuerdos para siempre. Este concepto también es importante, porque existen olvidos que parecen ser pasivos y que sufren un decaimiento con el paso del tiempo. Sin embargo, el tiempo, que hace decaer las trazas de la memoria, no es el único mecanismo de olvido.

Veamos ahora, de manera breve, lo que los científicos consideramos memoria y algunas de sus etapas para luego retomar el tema del olvido.

Entendemos el aprendizaje como los mecanismos que adquieren información del medio ambiente; información que en teoría puede ser guardada. En esta etapa, la memoria sufre un proceso de consolidación; es decir, al principio es muy débil y, con el tiempo, se hace cada vez más fuerte. Ese paso de consolidación depende de una maquinaria cerebral que involucra síntesis de proteínas que, según se cree, participan en la calidad y cantidad de conexiones entre las neuronas.

Tenemos hasta aquí que la memoria, así como también los mecanismos del olvido, pasan por varias etapas que, tanto en humanos como en animales menos desarrollados, se dividen en procesos de adquisición, de consolidación y de guardado de información que duran varias horas. Otra fase es la evocación de la memoria que, a su vez, determina ciertas consecuencias, tales como la extinción de la traza de memoria y el rearmado o reconsolidación de la memoria original. Este fenómeno de reconsolidación se refiere a la situación en que se evoca una memoria en un ambiente y en un contexto distintos al original. En este caso existe la posibilidad de que esa memoria sufra cambios. En terapia, por ejemplo, es frecuente la evocación de una memoria traumática bajo ciertas condiciones que difieren de los contextos originales. Muchas veces, sin embargo, este rearmado de la memoria no es tan fácil de concretar e incluso puede darse lo que se conoce como recuperación espontánea de la memoria o trauma original.

Aquí es necesario remarcar que, hasta el momento, la teoría dominante sobre cómo se forma la memoria y cómo se pierde es la que contempla los cambios en las funciones de la sinapsis, es decir, los cambios en la plasticidad sináptica que generan modificaciones en la plasticidad de las neuronas.

Por otro lado, la mecánica de la consolidación de la memoria y sus procesos tiene más de una etapa. En la medida en que un sujeto adquiere información, se activan varios mecanismos que forman una memoria de corta duración, que luego puede o no dar paso a una memoria de larga duración. La consolidación tiene más de una etapa: hay una primera etapa en la que, aparentemente, las memorias duran pocos días, y una segunda etapa más tardía que trabaja a más largo plazo. Por ejemplo, aprendemos algo hoy y un día después la maquinaria cerebral todavía estará reforzando las conexiones para que la memoria de esa experiencia dure más. En la experimentación con animales hemos podido observar que, gracias a la consolidación en etapas, una determinada memoria puede durar varios meses.

Con respecto a los experimentos, tanto en animales como en humanos, se puede decir que los más habituales son los que estudian las memorias traumáticas y, precisamente, uno de los grandes desafíos es poder hacer olvidar esas memorias traumáticas. Y aquí estamos ante un tema que, a simple vista, parece muy complejo, pero ya veremos que, en realidad, puede resultar más simple de lo que se cree. A continuación, mencionaré algunas de las varias formas posibles de olvidar.

Una de las formas del olvido, tal como habíamos visto anteriormente, tiene que ver con un problema de la evocación. No es que nos olvidemos de algo para siempre, lo olvidamos solo momentáneamente; la información sigue estando disponible y puede volver en algún momento. Existe también aquel olvido pasivo que deviene con el decaimiento biológico, con el paso del tiempo que hace que los circuitos empiecen a funcionar menos y, por lo tanto, exista la posibilidad de que olvidemos determinadas cosas. Algunos mecanismos del olvido activo se observan cuando, por ejemplo, uno recuerda algo que es parecido a otra cosa; entonces, se recuerda esa otra cosa, pero se olvida aquella otra. A este fenómeno se lo llama «olvido inducido por la evocación» y describe el efecto que se da cuando, al recordar algunos ítems de determinada memoria, se produce la recolección de otra muy parecida. Este tema sigue siendo materia de estudio en todo el mundo, incluido nuestro país.

Pero el punto crucial de todo este asunto es que en el cerebro hay mecanismos activos del olvido. Como científico, formo parte de uno de los pocos grupos que estudian este tema en todo el mundo y, por lo tanto, puedo adelantarles que el estudio de los mecanismos activos del olvido es una de las más recientes adquisiciones del conocimiento en el campo de la memoria. Los estudios realizados muestran que el cerebro, cuando adquiere información, forma memorias, pero, casi simultáneamente, implementa mecanismos para el olvido. Y, dependiendo de cada experiencia y de cada cerebro en particular, esos mecanismos de olvido prevalecen o no.

El mecanismo de olvido activo, que es el que más me interesa enfatizar, es un mecanismo por el cual el cerebro adquiere la capacidad de borrar memorias. Si bien este es un estudio demasiado reciente como para apuntar conclusiones o resultados certeros, voy a comentar brevemente alguno de sus puntos más interesantes. Para ello, recordemos que la psicología enseña que la forma de olvidarse es interponer una experiencia o un aprendizaje nuevo cerca de la experiencia original. Básicamente, se propone la posibilidad de que el cerebro ponga más atención a lo novedoso y quite la atención de la experiencia anterior. A grandes rasgos, esto constituye la teoría clásica del olvido en la psicología. La teoría más moderna, por otro lado, no desestima la de la psicología, pero le añade la intervención de estos mecanismos activos del olvido de reciente descubrimiento.

A partir de esta nueva inclusión en el área de la memoria y su contracara, el olvido, los estudios tienen en cuenta dos elementos fundamentales en los mecanismos de este último: la dopamina y un fenómeno llamado neurogénesis del adulto. La dopamina es un neurotransmisor al que la ciencia ha atribuido, entre otras cosas, ser parte responsable de la fisiopatología de la esquizofrenia, de la adicción a drogas de abuso, de los tics repetitivos y de otras patologías motoras. Este neurotransmisor, no obstante, es clave en el cerebro para ayudar a guardar memorias; paralelamente, y en determinadas circunstancias, en momentos puntuales del proceso de consolidación, también borra memorias. Tiene, por lo tanto, la doble función de promover la formación de memorias y también de borrarlas, particularmente las memorias traumáticas. Esto ha sido comprobado en experimentos que estudiaron los procesos cerebrales muchas horas después de una experiencia traumática.

El segundo elemento que mencionamos, la neurogénesis o aparición de nuevas neuronas en el cerebro adulto, tiene lugar en alguna región del hipocampo y del bulbo olfatorio. El hipocampo es una de las regiones que tienen que ver con la formación de la memoria: existen experimentos que prueban que la neurogénesis en el hipocampo lleva al olvido. Sucede que algunas memorias se olvidan por un mecanismo de adición de nuevas neuronas que se incluyen en los circuitos funcionales del hipocampo y que, de esta manera, llevan al borrado de la información. A pesar de esto, debemos comentar que esta función de la neurogénesis se ha puesto en duda en el cerebro humano. Si bien ha sido demostrada en animales, hay grupos de investigadores que la encuentran en el cerebro humano y grupos de científicos que no.

Hecha esa salvedad, y para dar cierre a esta ponencia, quiero subrayar tres grandes generalidades que creo que vale la pena recalcar. La primera es que nuestros recuerdos forman parte esencial de nuestra individualidad; la segunda es que memoria y olvido son dos caras de la misma moneda; y la tercera es que los recuerdos fluyen y cambian, y cambian no solamente por la maquinaria interna que disminuye lo guardado y que provoca el olvido: cambian porque nosotros recordamos las cosas en contextos diversos, y cada vez que las recordamos las podemos ir modificando. La pregunta, tal como alguna vez se la formulara Borges, es: ¿qué recordamos? ¿Lo último que se recordó sobre algo? ¿O se recuerda el origen, la memoria original? La respuesta, como ustedes ya estarán adivinando, parece fácil. Recordamos más nítidamente lo que evocamos la última vez (memoria tal vez ya modificada por el mero ejercicio de evocar). Recordar lo primero, a qué negarlo, es una tarea para nada fácil, quizás casi imposible.

Bibliografía

Anderson, M. C. (2003), «Rethinking interference theory: Executive control and the mechanisms of forgetting», en *Journal of Memory and Language*, n.º 49, págs. 415-445.
Davis, R. L. y Zhong, Y. (2017), «The biology of forgetting», en *Neuron*, n.º 95, págs. 490-503.
Dudai, Y. (2002), «Molecular bases of long-term memories: a question of persistence», en *Current Opinion in Neurobioly*, 12 (2), págs. 211-216.
Frankland, P. W., Kohler, S. y Josselyn, S. (2013), «Hippocampal neurogenesis and forgetting», en *TINS*, n.º 36, págs. 497-503.
Kandel, E. R. (2001), «The molecular biology of memory storage: a dialogue between genes and synapses», en *Science*, 294 (5544), págs. 1030-1038.
McGaugh, J. L. (2000), «Memory: a century of consolidation», en *Science*, 287 (5451), págs. 248-251.
Medina, J. H. (2018), «Neural, Cellular and molecular mechanisms of active forgetting», en *Frontiers in Systems Neuroscience*, n.º 12, pág. 3.
Sara, S. J. (2000), «Retrieval and reconsolidation: Toward a neurobiology of remembering», *Learnig & Memory*, n.º 7, págs. 73-84.
Wixted, J. T. (2004), «The psychology and neuroscience of forgetting», *Annual Review of Psychology*, 55, págs. 235-269.

g